I0174006

SAINTE SOLANGE

VIERGE ET MARTYRE

PATRONNE DU BERRY

PAR

L'ABBÉ JOSEPH BERNARD

de Montmélian

SOCIÉTÉ GÉNÉRALE DE LIBRAIRIE CATHOLIQUE

PARIS	BRUXELLES
VICTOR PALMÉ	**G. LEBROCQUY**
Directeur général	Directeur de la succursale
25, rue de Grenelle-St-Germain	5, place de Louvain, 5

A BOURGES
Chez Camille TRIPAULT, libraire

—

1877

Tous droits réservés

L 27 n
9810

SAINTE SOLANGE

Ln
2540

SAINTE SOLANGE
Vierge et Martyre

SAINTE SOLANGE

VIERGE ET MARTYRE

PATRONNE DU BERRY

PAR

L'ABBÉ JOSEPH BERNARD

de Montmélian

DÉPÔT LÉGAL
Seine
92°5476
1877

SOCIÉTÉ GÉNÉRALE DE LIBRAIRIE CATHOLIQUE

PARIS	BRUXELLES
VICTOR PALMÉ	G. LEBROCQUY
Directeur général	Directeur de la succursale
25, rue de Grenelle-St-Germain	5, place de Louvain, 5

A BOURGES

Chez Camille TRIPAULT, libraire

—

1877

Tous droits réservés

VIE ABRÉGÉE

DE

SAINTE SOLANGE

PATRONNE DU BERRY[1]

Parmi les fleurs de la sainteté, il en est une humble et cachée comme la violette, qui, après mille ans, embaume encore l'Église, le Berry et la France. De cette fleur moissonnée à son aurore, je voudrais vous faire aspirer le parfum en vous disant l'histoire naïve et touchante de sainte Solange, qui a charmé tout un peuple de génération en génération, et que connaissent toutes les chaumières du Berry.

Cette histoire est tout un poëme de foi et d'amour au milieu de la barbarie du moyen âge, le poëme de la virginité couronnée par le martyre.

Solange est, parmi les saintes de France, la figure

[1] La Vie complète de la même sainte est actuellement sous presse.

de vierge la plus douce, la plus sympathique et la plus suave qu'on puisse rêver. Elle a du lis des champs la grâce et la fraîcheur. Son nom, doux comme un écho du ciel, n'a guère retenti que dans le Berry et les provinces circonvoisines; plus loin, il devient presque inconnu. Il y a peu de temps encore, je l'ignorais moi-même; mais quand j'eus pour la première fois entendu cette poétique légende des siècles de foi, le désir me vint de visiter les lieux témoins de l'enfance et du martyre de la Sainte. Je vis le village qui l'a vu naître et, non loin de là, le bourg, l'église, l'élégante chapelle, la fontaine et le champ qui portent son nom. Je me prosternai sur ce *champ du martyre* où depuis dix siècles tant de pèlerins se sont prosternés; je baisai avec respect cette terre sacrée qui a bu son sang virginal, ce gazon béni qu'au jour du pèlerinage les enfants et les femmes arrachent à pleines mains pour l'emporter comme des reliques dans leurs demeures.

A partir de ce jour, le souvenir de la vierge-martyre s'imposa à ma pensée; je résolus d'étudier sa vie et de l'écrire, afin de faire connaître et aimer le plus possible cette sainte bergère qui n'eut rien des grandeurs de la terre, mais qui a toutes les gloires du ciel.

Solange a sa place d'honneur, sans doute, parmi nos saintes françaises; mais elle est avant tout la sainte du peuple, la sainte des campagnes, la glorieuse patronne du Berry. Là, la foi en elle est très-vive; elle a laissé des empreintes profondes dans les

cœurs plus encore que dans les monuments. De toutes
parts on accourt à ce pèlerinage du lendemain de la
Pentecôte ; bien des guérisons y sont demandées, et
presque tous les ans il y a des miracles obtenus.

Une sainteté aussi haute et aussi pure mérite mieux
que cette gloire restreinte ; il est temps qu'elle
rayonne du cœur jusqu'aux extrémités de la France.
Il est temps de montrer à tous les yeux « ce trésor
que cachait, vers la fin du neuvième siècle, sous un
toit de chaume, dans une famille de braves cultiva-
teurs, un petit village du Berry[1]. »

La vie de la jeune patronne du Berry se résume en
quelques mots : une fraîche et gracieuse idylle suivie
d'un dénoûment tragique. C'est plus qu'il n'en faut
pour éveiller dans l'imagination tout un monde de
poésie et d'émotions palpitantes.

Cette vie est une aube, un rayon, un parfum qui
embaume l'histoire des saints. Elle fut courte, mais
bien remplie ; car Solange fut une de ces âmes d'élite
à qui l'on peut avec raison appliquer ces belles paroles de la sainte Écriture : « En peu de temps elle
a fourni une longue carrière. »

La vie simple et cachée de la bergère et, sur cette
vie si humble, la splendeur des miracles, cette âme
de vierge qui se donne à Jésus dès l'enfance, qui se
montre si magnanime et si forte devant toutes les
séductions, cet amour immense de la croix du Sauveur, ce sang versé pour la plus noble des gloires :

---

[1] L'abbé Lagrange, panégyrique de sainte Solange.

tout ce qui se rencontre ici est fait pour ravir l'âme et le cœur en les entraînant vers Dieu.

L'authenticité de cette *Vie* légendaire est attestée non-seulement par une tradition constante, mais encore par la vieille *Chronique* conservée en la bibliothèque des Pères Augustins de Bourges, par des hagiographes du dix-septième siècle, par tous les historiens et chroniqueurs du Berry, par les Bollandistes dans les *Actes des Saints*.

Comme si ce n'était pas assez, pour confirmer la vérité de cette légende, des témoignages irrécusables de la tradition et de l'histoire, elle a reçu une sanction bien autrement haute, bien autrement puissante, elle rayonne d'une auréole immortelle qui fait pâlir les prestiges de l'imagination, les grandeurs du monde, la renommée de la gloire et du nom : l'auréole de la sainteté !

En effet, le récit le prouvera, la vie de l'humble bergère dont nous écrivons l'histoire, n'est pas seulement poétique, ni sa mort simplement tragique ; sa vie et sa mort sont d'un ordre plus élevé : c'est la vie d'une sainte, c'est la mort d'une martyre !...

A trois lieues environ de Bourges, en remontant vers le nord, entre Saint-Martin-d'Auxigny et les Aix d'Angillon, dans un vallon gracieux arrosé par l'Ouatier ou *Aoutier*, s'élevait autrefois un petit village du nom de *Villemont*. C'est là que, vers la fin du neuvième siècle, au temps du roi Charles le Chauve, naquit de parents pauvres mais honnêtes et craignant Dieu, celle qui devait être un jour la Geneviève du Berry.

Du hameau qui la vit naître, il ne reste aujourd'hui que quelques chaumières tapissées de mousse et de giroflée sauvage, et un joli moulin enfoui sous les arbres touffus.

Ces quelques maisons blanches, éparses dans la verdure, ont gardé le nom de *Villemond ;* mais la chaumière où notre Sainte vit le jour n'existe plus et l'on n'est pas d'accord sur l'emplacement qu'elle occupa. Les uns disent qu'elle était située au *Pré-Verdier*, prairie où l'on trouve encore des débris de construction et qui s'allonge entre deux collines parallèles sur la rive droite de l'Ouatier ; d'autres, suivant une tradition ancienne, la placent sur le bord opposé du ruisseau, et là, à Villemond même, on conserve précieusement une vieille clef que la tradition populaire dit être celle qui ouvrait la porte de cette demeure bénie. Le temps a pu détruire ses murailles, disperser ses débris, mais rien n'effacera son souvenir pas plus que celui de Villemond, devenu immortel comme Nanterre et Domremy.

Le nom de ce village et le souvenir de cette sainte maison aujourd'hui détruite, vivront à jamais dans le cœur des populations du Berry, comme le souvenir et le nom de la vierge qui y reçut le jour. Ainsi en est-il de tous les justes et de tous les saints : « leur mémoire bénie demeure éternellement. »

Une nébuleuse auréole entoure le berceau de la Sainte. Le nom de ses parents est inconnu, inconnue

1.

aussi la date de sa naissance, sans qu'il soit possible
de la déterminer avec certitude et précision. Mais au
fond, qu'importe le nom de sa famille, qu'importe
même la date précise de sa naissance? Le temps
n'existe pas devant Dieu : elle fut sainte, et la sainteté seule reste en survivant au temps ; rien de sa vie
n'a été oublié et la tradition de cette admirable vertu
qui lui fit trouver la mort avec joie, est venue jusqu'à nous. Ses parents étaient de simples vignerons [1] et, selon toute apparence, les *serfs* du
comte de Bourges, dont Maubranche, d'autres disent
Ville-Comte (Villa-Comitis) devait être le rendez-vous
de chasse pendant la belle saison.

Quoique pauvres et attachés à la glèbe, les parents
de notre Sainte s'estimaient plus heureux que les
plus riches seigneurs de la contrée.

Un toit de chaume à l'ombre d'un vieux noyer, un
champ était toute leur richesse. « *Comme la rosée
d'Hermon descendait sur la montagne de Sion,* » la
bénédiction du ciel descendait sur ce foyer pur, simple et paisible.

« *Heureux ceux qui craignent le Seigneur et qui
marchent dans ses sentiers!... Manquant de tout,
ils possèdent toutes choses.* » L'Evangile ne dit pas :
« *Bienheureux les pauvres,* parce qu'ils auront le
royaume des cieux » ; mais parce qu'ils l'ont déjà
sur la terre.

Le vrai pauvre vit d'espérance encore plus que de

---

[1] Patre vinitore. — Vita apud Bolland.

pain, l'espérance, ce suprême trésor qui brille au cœur et l'enlève sans le tromper, quand on espère en Dieu.

Le pauvre a son cœur là où est son trésor, et son trésor est ailleurs qu'ici. Le chemin de cette vie, âpre et rude, l'emmène vers le Ciel. Dieu lui-même est son refuge ; il est sa force et sa richesse, « *sa force dans la tribulation, son espérance dans les tempêtes et l'ombrage qui tempère pour lui les ardeurs de l'été.* »

Les pauvres sont les préférés du cœur de Dieu. Voilà pourquoi le foyer de ces humbles vignerons, attachés à la culture d'un fond étranger, était un foyer béni.

Ils étaient cités comme des modèles de vertus, de probité et d'honneur ; leur piété répandait autour d'eux, dans les autres familles, la bonne odeur de Jésus-Christ. Aussi Dieu bénit leur union en leur envoyant une fille qui devait combler leur cœur de joie en donnant de bonne heure des signes manifestes de son admirable sainteté.

Le Ciel semble avoir voulu lui donner un nom prédestiné comme elle, beau comme son visage, angélique comme sa vertu. Elle reçut au baptême le nom de *Solange*, nom si doux qu'on le dirait tombé du paradis.

Un ardent amour de Dieu, une pureté séraphique, une héroïque fermeté d'âme éclatèrent de bonne heure dans cette enfant de prédilection. Ses parents élevèrent ses premières affections vers Celui qui de-

mande les prémices du cœur. Leur tâche ne fut pas
difficile, et grande fut leur joie de trouver dans cette
âme divinement préparée une parfaite correspon-
dance. Les premiers bégaiements de sa voix enfantine furent de répéter les noms sacrés de Jésus et de
Marie.

Dès l'âge le plus tendre, dit un biographe de la
Sainte, elle avait pour habitude de prononcer con-
stamment le saint nom du Sauveur, ce nom *plus
doux que l'huile répandue, plus parfumé que le
cinname et le baume.* Toute sa vie est dans ce seul
mot : *Jésus !* Elle naît par Jésus, elle vit en Jésus,
elle meurt pour Jésus ! Ce nom divin fut le premier
murmuré par ses lèvres, il sera aussi le dernier.

A une distance si grande, nous n'avons pas de dé-
tails particuliers et intimes sur les premières années
de Solange ; et cela se comprend, puisqu'elle est
restée plusieurs siècles avant d'avoir un historien.
Son enfance, du reste, dut ressembler à celle de
toutes les saintes jeunes filles élevées avec un soin
tendre et vigilant, dans l'amour et la crainte de Dieu,
sous les caresses et le regard maternels. Elle fut du
nombre de ces heureux enfants « qui naissent à la
vie du ciel en même temps qu'à la vie de la terre, et
qui, s'éveillant en ce monde, lisent la foi, la pureté,
l'honneur, la vertu dans les yeux de leur mère. »

Les exemples d'édification domestique n'étaient
pas rares au moyen âge, au temps de notre Sainte,
dans les foyers chrétiens. Autrefois, dans les familles, comme aujourd'hui encore en Bretagne et en

Savoie, on lisait le soir, à la veillée, la vie du saint de chaque jour. La *Vie des Saints*, n'est-ce pas là le livre du peuple par excellence, « la Bible des simples et des pauvres ? » C'est pour tous la grande école des vertus, c'est l'Évangile vivant, le Christianisme en action. C'est le poëme du Christ et la gloire de l'Église. On l'a trop oublié de nos jours où le roman frivole et souvent immoral a envahi la cabane du pauvre comme le salon du riche. La lecture des romans dessèche le cœur, la *Vie des Saints* le dilate ; c'est tout un monde de clartés sereines, de refuges protecteurs, de poésie ravissante, de joies saintes et exquises et de consolations ineffables. C'est l'exemple et c'est aussi l'amour divin ; car du cœur des Saints l'amour de Dieu déborde.

Au temps de sainte Solange, on ne lisait pas, mais on racontait la vie des saints, et, dans sa chaumière, le pauvre écoutait l'âme ravie en Dieu ces grandes merveilles des habitants du Ciel qui furent des hommes comme nous, errant et combattant sur cette terre d'exil. C'est ainsi que Solange entendit plus d'une fois, sous le toit paternel, raconter la vie de sainte Agnès. Dès qu'elle connut l'histoire merveilleuse de cette jeune martyre de treize ans, appelée la *Bien-Aimée des Romains*, elle l'aima d'un amour particulier et la prit pour modèle. On eut dit qu'elle avait le pressentiment de la ressemblance qu'elle devait avoir un jour avec la vierge romaine.

Déjà l'amour du Christ envahissait son âme et l'Esprit *qui souffle où il veut*, lui parlait le langage du sacrifice en montrant à ses yeux les splendeurs et les attraits de la virginité.

A peine âgée de sept ans, disent les vieilles chroniques, ornée de tous les charmes du premier âge et de toutes les grâces de l'innocence, mais déjà séduite par l'immatérielle beauté de l'Époux divin, elle célébra avec Dieu ses fiançailles spirituelles, en lui consacrant, par le vœu de virginité, son âme et son corps[1]. A la voix de Dieu lui disant : *Viens je t'épouserai éternellement,* prise d'une sublime inspiration, elle avait répondu : je suis à vous, prenez-moi, Seigneur ! oh ! prenez-moi bien toute ! Alors le doux Sauveur souriant descendit jusqu'à elle ; les anges chantèrent autour de la jeune vierge : ce jour-là fut radieux dans la nature entière et les bénédictions célestes tombèrent abondantes sur ce pays, pour lui être accordées jusqu'à la fin des siècles à la prière de la sainte enfant. Depuis ce temps-là, sa vie ne fut qu'un saint désir, plein de pureté céleste, une aspiration constante vers Jésus qu'elle aimait, le ciel où il régnait, l'Infini que devinait son esprit et plus encore son cœur.

Selon l'usage des campagnes, Solange fut dès son enfance, commise par ses parents à la garde des moutons. La sainte bergère aimait son modeste emploi; elle y trouvait l'humilité, cette seconde parure de son âme après la virginité ; elle y trouvait Dieu dans la splendeur de ses œuvres, elle le contemplait calme

---

[1] Septennis Virginum Sponso se virginem dedicavit (Apud lect. Brev. Bit.).

et sereine et, tandis que ses brebis paissaient paisi-
blement autour d'elle, elle écoutait l'esprit de Dieu
qui ne se communique jamais plus volontiers à une
âme fidèle que dans la solitude et le secret des
déserts.

Comme sainte Geneviève et comme sainte Germaine de Pibrac, Solange n'était qu'une simple bergère, et, dans cette condition si humble aux yeux des
hommes, elle devint l'objet de l'amour et des com-
plaisances de son Dieu. La sainteté ne dépend donc,
ni des occupations, ni de l'état; elle dépend de la
grâce demandée, suivie, écoutée, et de l'amour vers
le Seigneur.

Jeunes filles des champs, si vous lisez ce livre, ne
cherchez plus les joies de la ville et les parures fri-
voles; que votre cœur se laisse charmer par cette
beauté de la grande bergère dont je vous dis l'histoire, à son exemple, priez dans votre solitude, au
milieu de ces champs si pleins de paix, où l'âme s'é-
lève à Dieu sans peine. Travaillez avec joie à votre
tâche du jour, ornez de fleurs l'autel du village et
demandez à Dieu avec instances de ressembler un peu
à sainte Solange qui règne auprès de lui et veille sur
vous du haut des cieux.

Pleine d'inquiétude pour sa figure angélique, Solange fuyant le monde et ses attraits perfides, se te-
nait, comme saint Bernard nous dépeint les véri-
tables vierges; « toujours en alarme, jamais en
sécurité, toujours soigneuse à fuir le danger, jamais
confiante au sein même du calme, sachant qu'elle

porte en un vase fragile un trésor précieux et que
rien n'est plus difficile que de vivre comme un ange
au milieu des hommes, de mener une vie pure avec
une chair de péché et d'entretenir sur la terre le langage du Ciel. »

Le pâturage où la sainte bergère conduisait chaque
jour ses brebis, s'appelle maintenant le *Champ de
Sainte-Solange*. Il est situé, par rapport à Villemond, sur le côté opposé du bourg de Sainte-Solange,
autrefois Saint-Martin-du-Cros. Ce gros village, entouré de champs et de vignes, arrosé par le ruisseau
de l'Ouatier, tient le milieu entre Villemond et le
champ de la Sainte. Elle devait donc chaque jour traverser ou tourner ce bourg où elle portait l'édification par sa modestie, et son cœur ne manquait pas
de saluer en passant l'église qui était celle de sa paroisse. Elle arrivait ainsi, après une marche de trois
quarts de lieue, dans le champ que le souvenir de
ses oraisons a rendu vénérable. Il y avait là, dit la
vieille liturgie berrichonne d'accord avec la tradition,
dans un lieu agreste et inculte, un petit bouquet
de buissons et d'arbres où elle s'était fait une sorte
d'oratoire rustique, ombragé par un vieil orme et
quelques chênes et caché aux regards par une haie
d'églantiers, d'aubépine et de vigne sauvage. C'est là
qu'elle venait souvent, loin de tout témoin, s'entretenir seule à seul avec Dieu, dans de continuelles
prières et des colloques familiers.

La dévotion des fidèles a marqué ce lieu champêtre d'une croix de bois qu'il faut parfois renou-

veler; car les pèlerins en coupent de petits morceaux
et les emportent, comme de précieuses reliques, dans
leurs demeures. Cette pieuse pratique date de loin.
Dès le milieu du dix-septième siècle, disent les Bollandistes, « le peuple depuis longtemps était dans
l'habitude d'en couper de petits fragments comme
remède aux maladies. » Aujourd'hui encore des guérisons sont obtenues à l'aide de ces fragments vénérés.

De plus, les habitants du pays sont persuadés que
le bienfaisant pouvoir de la vierge-martyre se mani-
feste habituellement dans ce sol béni par une vigueur
de végétation toute particulière, et que les épis se
relèvent d'eux-mêmes, quand le flot des pèlerins,
suivant la grande procession, a passé.

On montre encore, dans le champ de la Sainte, le
chemin qu'elle suivait ordinairement dans ses médi-
tations. « Ce sentier, écrivait il y a deux siècles un
témoin oculaire des plus graves, ce sentier que fou-
lèrent si souvent les pieds de l'épouse de Jésus-Christ,
présente à peu près la largeur d'un char. Il se dis-
tingue, dans ce champ, comme la voie lactée dans
l'azur du firmament. La moisson y est plus épaisse
que partout ailleurs, plus haute et plus vigoureuse. »

Les années se sont écoulées, les mœurs ont étran-
gement changé; mais Solange, toujours constante
dans sa protection, a voulu toujours retenir le même
phénomène qui est comme une aimable expression de
son pouvoir bienfaisant. Pour la vierge de Villemond,
comme pour la vierge de Nanterre, la vie pastorale

fut le chemin par où le divin Pasteur des âmes la fit
avancer jusqu'à lui pour la combler de la plus ineffable familiarité. « Comme Geneviève, villageoise,
bergère et vierge, Solange fit des champs son oratoire
ordinaire [1]. »

Vraiment, Dieu sait mettre entre les lieux et les
âmes de suaves harmonies. Une croix, des prairies,
le ruisseau qui coule entre les herbes, les grands
arbres dont les branches se penchent sur ses eaux
limpides, des cimes lumineuses et des coteaux boisés,
les blés, les bruyères, les fleurs et la haie d'églantine, le murmure des abeilles dans le calme des
champs et, au milieu de ce calme, dans ce frais
paysage, une âme simple, paisible, sereine et pure
comme le ciel qui l'environne, une vie toute une et
toute en Dieu, et, dans ce cœur qui aime, une force
indomptable comme celle de la nature entière : cette
vie toute de tendresse, si calme et si forte, pou-
vait-elle être placée ailleurs, dans un cadre plus gracieux ?... Et cette scène champêtre n'éveille-t-elle
pas des souvenirs bibliques ? En voyant Solange con-
duisant devant elle ses blanches brebis le long des
verts sentiers ou à travers les brandes incultes, on se
rappelle Lia et Rachel allant avec Jacob, paître les
troupeaux de Laban, ou bien encore Ruth, la Moabite,
glanant pour Noémi dans le champ de Booz.

Pour le travail et la prière, toutes les journées de
la sainte bergère se ressemblaient. L'emploi en était

[1] Apud Bolland.

parfaitement réglé. Avant que l'aube eut blanchi la
cime des bois de la vallée, Solange abandonnait sa
chaumière de Villemond, longeait les rives de l'Ouatier en passant par Saint-Martin et arrivait au champ
du pâturage accoutumé. Là, tandis que ses moutons
broutaient en silence l'herbe menue, elle se retirait
dans sa solitude au pied de la croix, et, se jetant à
genoux : Jésus! disait-elle, et ses bras entouraient le
bois sacré qu'elle pressait de son cœur et ses lèvres
s'y collaient en répétant : Jésus! Et l'aurore répandue
sur la terre ne faisait pas tressaillir Solange, et le
soleil montait et descendait à l'horizon qu'elle n'avait
pas interrompu sa prière. Parfois, avant l'extase, elle
demandait tout naïvement à Dieu de ne pas lui laisser
oublier le soin de ses pauvres moutons. Sans doute
les anges la prévenaient en lui disant : voici l'heure.
Solange alors se relevait, emmenant son troupeau.
Alors seulement, elle se rappelait que son tablier en-
roulé autour d'elle, contenait le pain du jour; et
quand un pauvre passait : tenez, lui disait-elle,
acceptez-le pour l'amour de mon Seigneur Jésus.
Elle vivait d'amour, elle se privait par amour : ni
sa santé, ni sa beauté n'en ressentaient aucune
atteinte.

Qui pourra redire les mystères divins de ce lieu de
retraite, derrière l'aubépine aux fleurs blanches
comme l'âme de la vierge, où la clématite se marie
au chèvrefeuille rose et aux buissons d'églantiers!
Dans ce frais réduit où elle se complaisait seule avec
Dieu, vivant de son regard, de son amour sur elle,

qui pourra dire les naïves prières de Solange et les grâces sans nombre dont elle fut inondée. Les anges seuls en furent témoins ; c'est un secret entre le Seigneur et elle ; mais les bénédictions répandues sur ce sol et l'influence bénie qu'on y ressent, attestent assez que les splendeurs du Ciel ont dû s'y abaisser.

Quand le soleil de midi embrasait jusqu'à la tige l'herbe profonde et serrée des prairies, que les moutons dormaient la plupart à ses pieds, elle ne s'éloignait guère du pied de la croix où l'ombre d'un bouquet d'arbres ramenait son troupeau, tout auprès de l'Ouatier. Elle filait alors la laine ou le lin pour les besoins de la famille et des pauvres aussi. Sa voix pure et sonore, disent les traditions, s'élevait au loin, chantant des cantiques à Dieu et remplissant de sa mélodie la campagne solitaire et les bois d'alentour.

Parfois cependant, quand la chaleur était trop ardente, elle conduisait ses brebis dans la forêt voisine ou bien encore le long de ces petits chemins verts que dans le pays on appelle *traînes*. « Rien de frais et de gracieux comme ces allées sinueuses qui s'en vont serpentant sous les perpétuels berceaux de feuillage, découvrant à chaque détour une nouvelle profondeur toujours plus mystérieuse et plus verte. C'est là que semblent se réfugier le silence et la fraîcheur. Vous pouvez y marcher une heure sans entendre d'autre bruit que le vol d'un merle effarouché à votre approche, ou le saut d'une grenouille

qui dormait dans son hamac de joncs entrelacés. »
Le fossé, qui longe le sentier, est couvert de cresson,
de longues herbes, de mousses aquatiques ; la clématite et le chèvrefeuille l'ombragent de berceaux
où le rossignol cache son nid ; il a pour bordures les
aubépines et les ronces toutes chargées de flocons de
laine qu'y ont laissés les brebis en passant.

Solange, encore enfant, aimait ces promenades
solitaires à travers les bruissements, les rayons et
parfums de la campagne. C'est là qu'elle sentait fré-
mir dans son âme, toute pleine de poésie et de foi,
ces émotions mystérieuses que provoquent les grandes voix de la nature et plus encore son silence. Or,
ce qui fait le charme, ce qui est le cachet des campagnes du Berry, c'est le silence et le calme. On s'y
sent bien seul avec Dieu ; rien ne porte plus au recueillement. C'est dans ces plaines silencieuses que
l'on voit ces grands bœufs blancs si paisibles qui
vous regardent sans s'émouvoir.

En gardant ses brebis dans les champs de Saint-
Martin, la bergère de Villemond s'était prise plus
d'une fois à rêver devant les splendeurs de la Créa-
tion. Le verger secouant à la brise d'avril sa neige
printanière, les moissons que l'été dorait à sa vue
avec leur forêt d'épis ondoyant au moindre souffle,
les pampres jaunissants de l'automne, où pendait la
grappe vermeille, la fleur épanouie au lever de l'aurore, la goutte de rosée à la pointe des herbes, les
splendeurs du matin, les mélancolies du soir : tout
avait contribué à rendre puissante, dans cette âme

neuve et exempte de préoccupations mondaines, l'i-
dée des magnificences de Dieu, dispensateur de ces
merveilles écloses de sa volonté.

Il lui semblait que la vie tout entière de l'être à
qui le ciel a donné la faculté d'apprécier tant de
bienfaits et d'en jouir, devait être employée sans
distraction à lui en rendre grâces. Aussi se servait-
elle de tout ce qu'elle voyait pour s'élever en esprit
jusqu'au Créateur. Tout dans la nature la portait
à aimer Dieu ; elle aurait voulu, par tout ce qui
frappait ses regards, le louer et prendre une nouvelle forme pour l'aimer et le lui dire. L'ombre des
forêts lui rappelait l'humilité qui devait environner
sa vie, et qui fut, avec la chasteté, sa vertu de prédilection. Les eaux qui coulaient rapides sous ses
yeux, lui représentaient l'instabilité des choses de
la terre. Ses blancs moutons lui disaient l'innocence
et la douceur qu'aime le divin Maître, et l'image de
Jésus dans l'agneau préféré qui venait se coucher à
ses pieds, lui arrachait des larmes.

Pour Solange, l'univers entier était un livre, un
poëme où elle lisait Dieu, où à chaque page elle trouvait écrit le nom de Jésus. La brise sur son aile lui ap-
portait Jésus, les fleurs des champs, inclinant leurs ca-
lices, exhalaient leurs parfums pour Jésus. Les oiseaux
dans leurs gazouillements chantaient Jésus, et les
échos de la forêt lui redisaient : Jésus ! Et son cœur
et sa voix répétaient sans cesse ce nom si doux qu'elle
avait si profondément gravé en elle, dit un de ses
biographes, qu'il la ceignait comme d'un vêtement

inséparable. Tous les sentiments élevés qui effleu-
raient cette âme de vierge et d'enfant la faisaient
vibrer comme un luth.

Cette ivresse des champs emportait son âme vers
le ciel. La solitude redoublait ses ardeurs, un nouveau feu la consumait ; elle se mourait d'amour pour
son divin Époux.

N'allez pas croire que ce fut là une de ces rêveries
vagues, stériles et souvent dangereuses ; elle étudiait
la beauté de Dieu dans ses œuvres. Pour cette âme
plongée dans la grâce, cette contemplation n'avait
rien de rêveur ; la nature lui était, comme pour les
Pères de l'Église, « un transparent à travers lequel
la majesté du Verbe nous envoie des rayons tempérés
de gloire et d'amour. » Comme l'a dit un éminent
écrivain spirituel, « l'étude sérieuse et pieuse de la
beauté de Dieu, soit dans ses œuvres, soit en lui-
même, soit dans son Verbe fait chair, Jésus, est l'un
des grands secrets de la vie spirituelle, parce qu'étant
un des foyers les plus ardents de l'amour, elle est
par suite un principe puissant et infaillible de chasteté[1]. »

Solange ne craignait pas d'être distraite ou égarée
par le spectacle des choses sensibles ; car sincère-
ment et purement elle y cherchait Dieu et elle l'y
trouvait. « La nature était pour elle ce qu'elle est
en elle-même, c'est-à-dire sainte et sanctifiante. »
Mais si pour elle la campagne avait de puissants

---

[1] L'abbé Gay, *De la Vie et des Vertus chrétiennes.*

attraits, la maison du Seigneur avait des charmes
bien plus grands encore. « Elle aimait, nous disent
d'anciens récits, à visiter chaque jour l'église de sa
paroisse, » qui était alors Saint-Martin du Cros. Chaque matin, dès l'aube, elle suivait, humble et recueillie, le sentier encore humide de rosée, pour
aller offrir à Dieu les prémices de sa journée. Elle
était toujours arrivée la première au saint lieu, elle
assistait au divin Sacrifice avec un angélique recueillement, puis elle s'en allait aux champs plus joyeuse
et plus forte, emportant dans son cœur le Dieu de
l'Eucharistie qu'elle recevait avec transports. Toutes
les légendes de sa vie s'accordent à dire qu'elle com-
muniait très-fréquemment ; mais aucune ne parle
du jour de sa première communion. C'est là encore
un des traits de son histoire, que Dieu a voulu laisser dans l'oubli. Mais il est facile d'imaginer quelle
préparation elle dut apporter à cet acte important
de la vie et quelle dut être l'immensité de son amour
pour Jésus et de Jésus pour elle, dans ce sacrement
où Dieu s'unit à tous et à chacun dans une mesure
que n'atteint aucune des autres unions de la terre.

Elle eut voulu communier chaque jour, et quand
la froide saison retenait ses brebis à l'étable, lorsque
l'herbe gelée ou la neige répandue sur la terre ne
lui permettait pas de les sortir, c'était alors les jours
de ravissements pour Solange : le froid ni les gla-
çons ne pouvaient l'arrêter et des journées entières
se passaient ainsi à prier devant le divin tabernacle.
Les obscurités sacramentelles ne faisaient que ravi-

ver sa foi, son amour et ses désirs de voir, de contempler, de posséder Jésus. De bonne heure elle apprit de lui à suppléer par le recueillement, par la communion de désir à cette possession suprême. Plus d'une fois, le Seigneur, par un amour de bienveillance, daigna condescendre à l'ardente impatience de ce cœur tout à lui. Et alors, entre la vierge et le Bien-Aimé de son âme, il y eut de ces heures d'extase, de ces colloques mystiques qu'il n'appartient qu'aux anges de décrire.

Solange ne quittait son doux Sauveur présent au saint autel que pour le retrouver au pied de la croix solitaire, dans son oratoire des champs. Que dis-je? elle ne le quittait pas le divin Époux, elle le portait sans cesse dans le tabernacle de son cœur; elle priait toujours en marchant, rien n'était capable d'interrompre ses conversations intimes avec Jésus.

Le soir, quand elle avait ramené à l'étable son petit troupeau, on la voyait humble, modeste, pleine des célestes entretiens de la journée, s'acheminer de nouveau vers le vieux sanctuaire où elle s'approchait le plus près possible de l'autel où résidait le Saint-Sacrement. Elle priait jusqu'au dernier tintement de la cloche donnant le signal de la retraite et du silence. Elle eût voulu passer la nuit et tous les jours aux pieds de Notre-Seigneur; mais, quand les ombres descendaient sur la vallée, elle se hâtait de regagner la demeure paternelle; car, à cette époque, les chemins n'étaient guère sûrs, et elle s'en revenait priant la Sainte-Vierge, sa bonne mère, sainte

Agnès, en qui elle avait une grande dévotion, et les
anges, de la préserver de toute mauvaise rencontre.
Arrivée au logis, elle aidait sa mère dans les soins
du ménage ; après quoi, l'heure venue, elle s'en-
dormait en Dieu.

Son père et sa mère ravis d'avoir à eux une fille
si sage, joignant pieusement les mains, rendaient
grâces au Seigneur.

Nulle ombre ne plane sur cette chaste vie où tout
s'enchaîne, tout se suit, tout se répond, tout est
d'une suavité à nulle autre pareille. Ces premiers
récits de son enfance, on pourrait dire de sa vie entière (elle fut si courte !), éveillent comme une idée
de printemps divin. On y respire l'allégresse d'une
aurore. Il semble que la nature enrichie de sa part
de grâces répandues en ce coin du Berry, dût appa-
raître alors et plus belle et plus riche, souriante et
parée des reflets de l'Éden.

A toutes les heures de sa vie, Solange a été ineffablement chaste, ineffablement pure, parce que depuis le berceau jusqu'à la tombe, elle a aimé Notre-
Seigneur, et, comme il la comblait chaque jour
d'une nouvelle grâce, cette âme devenait plus pure,
plus lumineuse, plus profondément sainte. L'amour
du divin Crucifié : voilà le secret de cette brève existence et aussi de l'incomparable pureté qui n'est
que la conséquence naturelle et comme le fruit de
cet amour. Solange était une de ces âmes d'élite qui
répondent par l'immolation d'elles-mêmes à l'appel
suprême du Sauveur agonisant : « *J'ai cherché, j'ai*

demandé, j'ai attendu quelqu'un qui voulût partager
mes souffrances.... »

Voilà pourquoi elle aimait tant à se retirer dans
son oratoire champêtre où, suivant les narrateurs de
sa vie, elle venait tous les jours repasser dans son
cœur les mystères de la Passion.

Comment exprimer la reconnaissance et la douleur
dont elle était pénétrée à la vue de Jésus souffrant
et mourant pour les péchés du monde? Elle conjurait
le Père éternel de ne pas laisser inutile ce sang précieux, et de ramener à son amour toutes les âmes
égarées. Depuis l'enfance, elle avait le désir de mourir
pour Dieu; ce désir devenait de jour en jour plus
ardent. Au milieu de l'épreuve, de la tentation et de
la douleur, Solange embrassait la croix avec tout
l'amour qui enflammait son âme. Elle regardait cette
croix bénie, et ce qu'elle voyait ce n'était pas le vil
instrument de supplice, c'était son divin Époux lui-
même, l'auteur de la vie, le Dieu de majesté, percé
de clous, blessé d'une lance, donnant sa vie pour ses
amis. Elle passa successivement par toutes les ascen-
sions de la douleur. Elle monta des plaies de Jésus
à l'agonie de son cœur, de l'agonie de son cœur à
la désolation de son âme. Quiconque suit Jésus jusque-là est initié aux plus hauts mystères des divines
douleurs. Aussi, sur des ailes rapides et douces
comme celles de la colombe, Solange, après avoir tra-
versé les affres de la Passion, la croix sanglante de
Jésus-Christ, arriva bien vite à contempler dans une
extase infinie Celui dont la face est si belle, et le

regard si doux ! Le Seigneur l'inonda de sa lumière et
de sa vérité, et, dans un rayon de cette lumière, il
l'enleva jusqu'à lui, sur la montagne sainte, où il
l'introduisait dans les tabernacles éternels. Là, il la
touchait délicieusement de ces touches divines qui
sont un avant-goût du Ciel. Alors Solange pouvait
dire en toute vérité, comme l'Épouse du Cantique :
« *Mon Bien-Aimé est à moi et je suis à lui : je le possède et ne le quitterai jamais.* » Alors elle entendait
de « ces paroles ineffables que nulle langue hu-
maine ne saurait exprimer. » C'était le calme, c'était
la béatitude anticipée de l'éternité, c'était cet état
d'extase et de ravissement que saint Augustin lui-
même renonce à décrire.

A cette heure divine, l'âme enivrée d'amour voit
Dieu, le saisit, le comprend, ne se replie sur elle-
même que pour s'élancer de nouveau, pour plonger
plus avant dans ce foyer d'amour, afin d'être plus
pure et d'aimer plus encore, et, comme un vase
brisé, elle s'écoule tout entière en Dieu pour être
unie à lui et se perdre en lui !

Pour parvenir à cet état d'union intime avec Dieu,
l'âme n'a rien de plus propre que la foi et l'amour
et la blancheur dont elle est ornée. Or qui, plus que
Solange, fut ornée de foi, d'amour et de blancheur. N'é
tait-elle pas chaste comme les anges ? Sa grande charité
et sa parfaite pureté lui donnaient des ailes, et, sans
avoir besoin de passer par tous les échelons mystiques
de l'ascension au divin amour, ellle arrivait d'un
bond aux cimes les plus hautes, à ces radieux sommets

où l'âme enlevée à la terre et à elle-même, ne garde plus que la faculté de contempler, d'aimer et d'adorer. Il n'est pas étonnant si, en contemplant son Bien-Aimé, le plus beau des enfants des hommes, celui dont la divine beauté avait subjugué la douce Agnès et la noble Cécile, il n'est pas étonnant si elle se plongeait dans des ravissements dont nous n'avons ni l'idée, ni le soupçon.

Cette contemplation est·trop sublime, elle s'élève trop haut pour qu'il nous soit possible d'en saisir le plus petit rayon et d'en tracer même une pâle ébauche. Quand, au déclin du jour, Solange se relevait du pied de la croix solitaire, qu'elle était redescendue des célestes hauteurs, son front gardait encore l'auréole des reflets divins. Son regard grave et doux ne paraissait point complétement désenchanté en s'arrêtant sur la terre. Elle paraissait un peu surprise en regardant autour d'elle ; mais rien n'avait changé. La brise frémissait toujours à travers les buissons d'églantine. L'Ouatier murmurait toujours sur son lit de sable parsemé de cailloux blancs. Le soleil baignait de ses derniers reflets les aulnes et les peupliers de ses rives. Mais elle n'entendait plus rien des vains bruits de la terre, Son oreille résonnait encore des échos du Ciel ; les traces de la visite divine étaient fortement empreintes dans son cœur, et en reprenant le chemin de Villemond, elle emportait dans son âme le souvenir de la céleste vision.

Le bonheur ineffable que Solange goûtait dans toute sa plénitude au milieu des contemplations ne lui faisait pas oublier le zèle qui fait agir; si elle montait souvent sur la montagne sainte, elle n'en savait pas moins vivre avec les hommes quand la charité le demandait. *Elle aimait en œuvre et en vérité*[1]. Dieu met au cœur de ses saints un si grand amour de l'humanité, qui déborde, afin qu'ils sauvent les âmes et les conduisent jusqu'à lui.

Après s'être assise, comme Madeleine, aux pieds de son Seigneur et s'être perdue dans la contemplation de ses grâces et de ses miséricordes, Solange se penchait vers le pauvre, lui donnait l'aumône de sa piété et de sa tendresse. Dans chacun de ces déshérités de la terre, elle voyait l'image vivante de Jésus, l'Époux de son âme; les plus rebutants étaient ceux qu'elle cherchait de préférence. Elle devait dire, comme plus tard le doux François de Sales : « Laissez faire, les mauvaises odeurs des pauvres sont pour moi des roses. » Elle aimait surtout à soigner les malades. Après avoir mis tout en ordre dans leur pauvre chaumière, elle remuait leur couche misérable et pansait leurs plaies qu'elle baisait avec amour. Si le baiser de saint Martin guérissait les lépreux, souvent le baiser de Solange, comme celui d'Élisabeth de Hongrie, dut guérir les blessures qu'il touchait. Comme la plupart des saints, elle aimait à accomplir cet acte héroïque, vainqueur de la nature, se faisant ainsi cette sainte violence à qui le Ciel est promis. Elle aimait à l'accomplir pour plaire à son

[1] St. Jean III.

divin Époux ; car ce n'était ni la plaie, ni le pauvre qu'elle considérait alors, mais bien le membre souffrant du doux Seigneur Jésus.

En marchant ainsi à la suite de l'Époux, dans la route royale de la pauvreté et de la charité, Solange se pencha vers toutes les misères, eut pour toutes un mot, une consolation, une tendresse.

Elle était devenue bien vite la providence du pays. Pauvre et ne pouvant donner de l'argent pour aumône, elle faisait mieux..., elle se donnait elle-même à tous les malheureux, se faisant toute à tous, afin de les gagner tous à Jésus. Partout les bénédictions, pareilles à la rosée du ciel, tombaient de son cœur, de ses lèvres et de ses mains.

Suivant l'antique légende, son pur regard, comme autrefois l'ombre de saint Pierre, faisait des miracles et opérait des guérisons. Elle reçut aussi de Jésus, puissance sur les esprits immondes. Elle délivrait les possédés, chassait les démons et domptait Satan comme un esclave. Elle n'avait qu'à vouloir, et les animaux qui ravagent les fruits de la terre et qui furent une des plaies dont Dieu frappa l'Égypte, disparaissaient. La nature entière semblait lui être soumise. Sa voix seule dissipait les orages, apaisait les tempêtes qui menaçaient les moissons. « Elle commandait au soleil et à la pluie, aux vents et à la foudre[1]. » Elle arrêtait les innondations prêtes à dévorer les récoltes ; elle obtenait le temps favorable aux

[1] Ventis et fulguri imperabat — Hym. ant.

biens de la terre. On dit que la conversion des pécheurs et l'union des familles étaient le fruit de ses
prières et que l'abondance et la paix régnaient dans
tous les lieux d'alentour. Chacun attribuait son bonheur aux mérites de la sainte bergère.

Tous les biographes de notre Sainte, se fondant
sur les anciennes hymnes et sur une tradition constante, se plaisent à raconter que Dieu, pour récom-
penser sa pureté éminente, lui avait rendu une part
de cet empire sur la nature et les animaux, dont
jouissait l'homme avant le péché. On sait qu'à l'é-
poque où vivait Solange, le Berry, comme beaucoup
d'autres provinces de la France, était couvert d'immenses forêts, et les loups n'étaient pas rares dans les
bois de Turly ou de Saint-Palais. Jamais néanmoins
la sainte bergère n'eut à se plaindre de leur peu com-
mode voisinage; jamais elle n'eut à déplorer l'enlè-
vement d'un seul de ses moutons. Les bêtes fauves
devenaient inoffensives et s'apprivoisaient à son approche. Les animaux, les oiseaux obéissaient à sa
voix douce et forte comme celle des anges, tant il est
vrai que rien ne résiste à l'ascendant de la sainteté.

Ses brebis, pour être conduites, n'avaient pas besoin de coups. Une parole, un geste, un regard ou la
simple manifestation intérieure de sa volonté, suffi-
sait à les rappeler sous sa houlette.

C'étaient là, nous l'avons dit, des récompenses de
sa virginale innocence et de sa haute contemplation.
Intimement unie à Dieu, est-il étonnant qu'elle fût,
dans ses mains toutes-puissantes, l'instrument de sa

bonté? Mais de quel prix n'avait-elle pas payé ces
faveurs surnaturelles! « Elles les avait acquises au
prix des jeûnes, des veilles, des macérations effrayan-
tes qu'elle imposait à son corps innocent. » Comme
saint François d'Assise, elle eût voulu *mourir pour
Celui qui était mort pour elle*. Ne pouvant donner sa
vie d'un seul trait, elle la donnait par une immola-
lation successive. Par ce perpétuel holocauste d'elle-
même, l'âme de la chaste vierge régnait en souveraine sur ses sens meurtris et domptés. Quel exemple
pour notre siècle où le sensualisme domine dans l'é-
ducation, comme dans les mœurs!

Cette angélique pureté qui brillait en Solange et
qu'il récompensait par le don des miracles, le Seigneur voulut la manifester aux regard des hommes
dans toute sa splendeur ; et, doux symbole de la sérénité de son âme et aussi de l'éclat que devait jeter
un jour cette vie obscure sur sa patrie, une lumière,
semblable à cette nuée lumineuse qui dirigeait Israël dans le désert, éclairait la sainte dans toutes ses
démarches. « Le jour, la nuit, disent les vieilles
chroniques, une étoile brillante, en luisant sur son
front, marchait devant elle et guidait ses pas. » C'é-
tait, dès cette terre, l'auréole des prédestinés.

Comme il arrive d'ordinaire aux saints, plus la
modeste bergère se cachait, plus « l'Ami des humbles » la signalait au monde. Bientôt le bruit de ses
vertus s'était répandu avec celui de ses miracles et
de ses bienfaits. Malgré le soin qu'elle prenait de
fuir les regards des hommes en s'acquittant simple-

ment des devoirs de son état, aux lieux où elle était
née, sa charité la trahissait, son nom volait de bouche en bouche; la renommée de ses charmes, le
rayonnement de sa sainteté, s'étaient répandus au
loin ; elle était devenue célèbre dans tout le pays.

Et cependant, jamais elle ne s'était mêlée aux plai-
sirs de la terre ; jamais elle n'avait pris part à aucun divertissement public : on ne l'avait aperçue ni
aux chants des bardes, ni aux joyeuses réunions de la
jeunesse folâtre de son village [1]. On l'avait vue, toujours grave et recueillie, travailler ou prier, l'âme
enlevée en Dieu, simple et paisible auprès de ses
moutons, dans son champ désert, au pied de la croix
où l'on dit que les anges la servaient.

Semblable aux fleurs des rives solitaires de l'Ouatier, fleur elle-même, Solange, ce *lis de la vallée*,
voulait grandir loin des yeux profanes, protégée
contre les atteintes du monde par les épines de la
mortification et les précautions de la modestie, jalouse de réserver toute sa blancheur, tout son éclat,
tout son parfum pour les regards et le cœur de son
Dieu.

Elle n'avait pas une goutte de sang dans les veines
qu'elle ne souhaitât ardemment verser pour Jésus-
Christ. Combien de fois, dans les transports qui
l'animaient, ne fit-elle pas à cet aimable Sauveur le sacrifice généreux de sa vie, de sa jeunesse
et de sa beauté ! Avec quelle ferveur ne protesta-t-elle

[1] Apud Lect. Brev. Bit.

pas mille fois qu'elle n'aimerait jamais que lui, que son unique désir était de souffrir tous les tourments et la mort même, pour lui témoigner sa reconnaissance et son entier amour !

Tels étaient les vœux ardents de la jeune fille, et, comme ils partaient d'un cœur sincère et pur, ils ne devaient pas rester sans effet. Dieu allait les exaucer, accomplissant, à l'égard de cette épouse fidèle, la promesse qu'il fait par son prophète, de se conformer à la volonté de ceux qui le craignent, de seconder leurs désirs et de les sauver par les voies qu'eux-mêmes ont choisies.

De jour en jour, Solange grandissait en sagesse, en grâce et en beauté. Sous le soleil de la grâce plus encore que sous celui de la nature, elle s'était vite épanouie « *comme la rose plantée près du courant des eaux.* » Déjà, ce n'était plus la petite enfant qui, à peine âgée de sept ans, s'offrait au Seigneur. L'enfantine bergère était devenue une grande et sainte jeune fille. Une joie divine était répandue sur toute sa vie. Le Ciel l'illuminait, la dirigeait dans tous ses sentiers. En son cœur, elle voyait, elle sentait que tout lui était bienfaisant, sympathique et ami. Rien n'avait encore troublé la sérénité de sa vie calme, pure et unie, comme un lac, aux sommets vierges des Alpes où nul pied n'a passé.

Mais la pauvre fille du peuple allait traverser l'épreuve la plus terrible qui pût assaillir sa virginité, épreuve où toute autre qu'elle peut-être eût perdu ces vertus modestes et douces qui avaient germé et fleuri dans la solitude. Du haut du ciel, Jésus et Marie veillaient à ce que rien ne ternît ce lis de pureté, éclos aux rayons de leur double amour.

Il y avait environ seize à dix-sept ans que la vie de la bergère s'écoulait simple, paisible, embaumée d'innocence, entre le service de Dieu, le soin des pauvres et la garde de son troupeau. Elle était parvenue à l'âge où les illusions dorées hantent les rêves des jeunes filles, où les plus douces espérances chantent dans leur cœur. « A cet âge, dit le légendaire, elle était douée d'une singulière beauté dont le bruit s'était répandu dans tous le pays. » Il y avait sur son front, dans son regard, sur ses lèvres, dans toute l'attitude de sa personne, ce charme, cette grâce, cette beauté que Dieu verse parfois avec profusion dans l'âme et sur les traits des vierges qu'il a prédestinées. Elle avait au front cette empreinte divine qui semble un reflet de Dieu. Sous l'action de cette lumière venue d'en haut, la beauté n'apparaît plus que vêtue de sainteté et enveloppée d'une atmosphère de respect et de vénération. Tout en Solange répondait à la beauté du nom ; elle semblait avoir reflété en elle toutes les beautés de la nature qui l'environnait. Ses portraits nous la représentent avec des yeux séraphiquement bleus, ombragés de longs cils noirs et des cheveux dorés comme l'épi des gerbes. Sa figure angélique resplendit merveilleusement sur un des vitraux de la nouvelle chapelle de Sainte-Solange, au champ du martyre.

Mais qui dira la beauté d'un cœur pur ? Celle-là

l'art grec le plus pur ne l'a jamais connue. On ne
peut parler de la beauté de Solange que comme on
parle de la pureté du ciel, que l'on admire en la contemplant. Les leçons du bréviaire disent qu'elle était
« belle de visage et plus belle encore par la foi[1], »
c'est-à-dire qu'outre sa beauté ravissante, elle possédait au suprême degré cette beauté toute intérieure
qui échappe aux regards distraits du monde, mais
que Dieu contemple avec amour, la pureté des anges.
Cette vertu souveraine répandait sur ses traits une
sérénité ineffable, un rayonnement céleste, ce je ne
sais quoi d'achevé que donne l'auréole de la sainteté.

Si elle était belle, elle ne le savait pas, la chaste
et modeste vierge. Est-ce que le lys des champs
sait qu'il est richement vêtu? Les yeux de la bergère étaient toujours modestement baissés, quand
elle conduisait ses brebis aux champs de Saint-
Martin ou qu'elle allait cueillir les fleurs de la prairie dont elle voulait tresser une couronne à la Vierge.
Solange ignorait ses charmes, chose éphémère entre
toutes, elle ne s'en occupait pas. Elle ne savait qu'une
chose qui l'occupait toute entière, c'était son amour
pour Jésus-Christ. Elle ne faisait cas que de l'impé-
rissable beauté de l'âme. Pour l'âme qui aime Dieu,
le monde n'existe pas. Consacrée au Seigneur, la
beauté de la Sainte ne devait inspirer aux hommes
qu'un respect profond et de chastes pensées; mais
le démon était jaloux d'une vertu aussi haute; il mit

---

[1] Pulchra facie, sed pulchrior fide. Apud Brev. Bit.

3

tout en œuvre pour la séduire. La renommée des miracles et des charmes incomparables de Solange était arrivée bien vite à la cour de Bourges où elle était l'objet des conversations des jeunes seigneurs, des pages et des varlets.

En ce temps-là, la capitale du Berry appartenait à un haut et puissant seigneur. Bernard II, marquis de Septimanie, était, en 877, comte de Poitiers et de Bourges. Il avait eu trois fils de Blichilde, fille du comte de Poitiers : Rainulfe ou *Ranulfe II*, qui fut comte de Poitiers et duc d'Aquitaine en 880 ; *Ebbles*, abbé de Saint-Hilaire, de Saint-Denis et de Saint-Germain-des-Prés ; et *Gauzbert*.

L'un d'eux s'éprit d'un violent amour pour la bergère de Villemond, et bien que l'histoire ne le nomme pas, nous avons tout lieu de croire que ce fut l'aîné, *Rainulfe*. La liturgie berrichonne ne le désigne pas autrement que par ces mots : *le fils du prince* ou *gouverneur* du pays. Ce fils du comte de Bourges, disent les vieilles chroniques, était alors dans la fleur de la jeunesse, beau, bien fait, plein d'esprit et de vivacité ; mais sauvage comme son temps, sans frein ni loi, irascible, peu maître de ses passions et très-prompt à se livrer à l'impétuosité de ses désirs.

Solange, dans quelques voyages qu'elle avait faits à la ville, s'était trouvée plus d'une fois en face des magnificences que le comte Bernard, ses fils, les sei-

---

[1] Voy. l'Art de vérifier les dates.

gneurs de sa suite et les dames de la comtesse dé-
ployaient dans les cours plénières ou les plaids; elle
avait pu admirer une jeunesse martiale caracolant
sur d'agiles coursiers, avec quelques ressouvenirs
lointains de la chevalerie romaine, dont la chevalerie
du moyen âge ressaisit peut-être plus tard les traditions dans les vieux manuscrits romans, ensevelis
sous la poussière des cloîtres. Mais en voyant luire
toutes ces richesses, toutes ces magnificences d'une
civilisation renaissante, tout en les admirant sans
doute intérieurement, la bergère de Villemond ne
laissa pas tomber une parcelle d'amour sur ces parures de la terre : à Dieu seul appartenait son cœur;
à Dieu seul, comme nous l'avons vu, elle avait con-
sacré cette fleur de la vie que tant d'autres laissent
faner à tous les vents du siècle corrupteur.

Cependant le récit de l'extrême beauté de Solange
était venu à l'oreille de Rainulfe, fils aîné de Bernard. Ce jeune seigneur n'avait point alors d'ennemis
à combattre; peut-être n'avait-il plus de cœurs à sub-
juguer à la cour de Bourges, et son bras s'était fati-
gué à lancer l'épieu contre les bêtes fauves des vastes
forêts du Berry. Il se sentait alangui par le vide de son
âme et de ses journées. Or, l'histoire nous l'a trop
appris, rarement la noblesse de ce temps occupait
ses loisirs au profit de l'étude ou de la vertu. Du
reste, de tout temps, rien n'a jamais été plus perni-
cieux à l'âme que le désœuvrement. L'oisiveté est
mauvaise conseillère. Rainulfe donc voulut voir cette
Solange dont on vantait la beauté même parmi les

dames de la comtesse, et, pour satisfaire sa curiosité, un beau jour il résolut de diriger ses chasses vers la paroisse de Saint-Martin.

On était au printemps, cette aube de sourires, de rayons et de parfums. Mai était venu avec ses chants d'oiseaux, l'arôme de ses fleurs et le baiser de ses brises. L'air était plein de senteurs balsamiques et enivrantes. La jeune bergère de Villemond gardait son troupeau au pied d'un vieil orme, dans ce champ qu'on appelle encore aujourd'hui le *champ de Sainte-Solange*, et que le pâtre de la contrée vous montre en se signant.

Elle était à genoux sur la pelouse, les bras croisés sur la poitrine, les yeux levés au ciel, dans cette pose extatique qui lui était familière dans ses fréquents entretiens avec le céleste Époux de son âme. Quand elle était ainsi en extase, on l'eût prise pour un chérubin.

Autour d'elle, tout était silencieux. Seule, la brise frémissait doucement à travers les feuilles de l'orme séculaire; l'eau limpide du ruisseau voisin courait sans bruit en s'épurant sur la glaise; la bergeronnette trottait sur le sable d'un air à la fois espiègle et peureux; sous la ronce, au soleil, le lézard dormait.

Tout à coup une bruyante fanfare résonna sous les arceaux de la forêt voisine; une meute nombreuse poursuivait un cerf aux abois. Le fils du comte Bernard avait contenté son désir de désœuvré; cette chasse lui servait de prétexte. Arrivé à la lisière du

bois qui bordait la prairie, dès qu'il aperçut la
jeune bergère et son troupeau, oubliant le cerf et
laissant ses gens, piqueurs et varlets, continuer la
chasse, il lança son coursier dans la plaine et se
trouva bientôt auprès de Solange.

« Le fils du comte, dit la légende, en voyant cette
jeune fille si ravissante et si belle, se sentit frappé
jusqu'au fond de l'âme. » Il descend de cheval et,
s'approchant d'elle avec douceur, il lui adresse, non
sans hésitation, quelques compliments sur ses charmes, compliments qu'elle reçoit avec cette simplicité
qui signale et l'absence de la coquetterie et le calme
du cœur. Devant tant d'innocence, le jeune seigneur
hésita. Cette figure de vierge où rayonnait la candeur
de la vertu, lui en imposait malgré lui.

A la vue de la Sainte éclairée intérieurement et
extérieurement des reflets divins, le jeune seigneur
barbare subissait à son insu le charme fascinateur
qu'exerçaient les vierges chrétiennes sur les lions et
les tigres de l'amphithéâtre.

Devant cette apparition céleste, il resta longtemps
ébloui, stupéfait... Il ne pouvait se lasser de la contempler; mais un amour insensé, sans mesure, sans
limite, pénétrait par ce regard imprudent et coulait
en lui comme un torrent. La curiosité, le désir, la
passion l'emporta bientôt sur la crainte religieuse,
et l'homme de la violence reparut tout entier. Rainulfe ne put dissimuler davantage l'excès d'amour
qu'il avait conçu pour Solange. Alors entre la serve
et le jeune seigneur un dialogue s'engagea, qui fut

simple, calme et ferme du côté de la bergère, insi-
nuant et passionné du côté du seigneur franc, son
maître. Il est évident que leurs propres paroles ne
nous sont point parvenues ; mais leurs pensées sont
clairement exprimées dans la liturgie berrichonne.
Ce qu'ils ont dit, du reste, se peut facilement devi-
ner. Le cœur humain est toujours ce qu'il a été ; les
choses varient dans leur forme, les sentiments res-
tent les mêmes, bien qu'ils s'expriment différem-
ment.

Aux flatteries habiles, aux séduisantes promesses
du fils du comte, Solange ne répondit que par des
paroles simples, mais pleines de force et de sagesse.
Elle ne voulait pas de l'amour d'un prince terrestre,
la vierge qui possédait l'amour du Roi des rois. Pourquoi aurait-elle accepté un bonheur périssable, éphémère, quand elle jouissait du seul bonheur véritable
et sans mélange qui se trouve en ce monde, le bonheur d'avoir pour Époux Celui dont la beauté est
telle que les anges se voilent la face de leurs ailes,
ne pouvant en soutenir l'éclat? Comme Jésus était
toute sa fortune, il était aussi toute sa joie. Elle se
gardait pour lui ; excepté lui et tout ce qui mène à
lui, elle ne voulait rien sur la terre. Son cœur,
comme l'encensoir sacré, était depuis longtemps
fermé à toutes les choses terrestres ; il ne restait ou-
vert que du côté du Ciel !

Aussi en face des plus splendides séductions, elle
sera inébranlable, elle méprisera tout, parce qu'elle
aime ailleurs, et que son amour est vrai, éternel et

divin. Le Maître intérieur « qui révèle ses secrets aux petits », apprit à la Sainte l'art de déjouer tous les artifices du tentateur. Et quand *le fils du prince* la pressa de son amour :

« — Monseigneur, dut-elle répondre, je ne suis qu'une humble fille des champs, une pauvre gardeuse de brebis, la serve de votre père.... Que voulez-vous de moi?... Je ne puis que prier Dieu pour vous, afin qu'il chasse de votre esprit toute vilaine pensée.

— Ne craignez rien, Solange, répondait le rusé séducteur, mes intentions sont pures comme votre personne. Si je le veux, la serve ne peut-elle pas devenir châtelaine, la bergère, comtesse et souveraine du Berry? Pourquoi rester dans les champs? jeune fille, vous êtes digne d'habiter un palais. Vos vertus et vos grâces sont faites pour briller à la cour. Là, vous sèmeriez à pleines mains les bienfaits sur votre passage et tout le monde vous bénirait. N'est-il pas doux de pouvoir soulager toutes les misères? Ne seriez-vous pas heureuse de faire des heureux et de venir en aide à vos parents pauvres?...

— Mes parents, seigneur comte, seront toujours assez riches tant qu'ils serviront le Seigneur. A la sueur de leur front, ils travaillent et gagnent peu, il est vrai, mais ce peu leur suffit. Assister sa famille et son prochain selon ses moyens, c'est tout ce que Dieu demande. Pour moi, je ne désire rien, je ne veux rien sur cette terre que l'amour de mon Seigneur Jésus. Dieu m'a faite pauvre bergère, bergère je veux

rester ; je suis heureuse ainsi et pour rien au monde,
je ne changerai ma condition. »

Ces paroles prononcées avec un accent qui ne lais-
sait aucune espérance à la passion, ne découragèrent
point le vaniteux seigneur. Il se mit à vanter sa
beauté, sa noblesse et sa vaillance, et la fortune con-
sidérable des comtes de Bourges, marquis de Septimanie.

« — Mon père, dit-il, est le prince de tout le
pays ; il possède des richesses immenses, de magnifiques castels ; des milliers de vassaux, comme à lui,
m'obéissent ; je suis comte de Poitiers et serai bientôt
duc d'Aquitaine. En vain, dans toute la province,
chercherait-on mon égal en bravoure, en noblesse,
en fortune et en beauté.

— Vous n'en avez que plus d'actions de grâces
à rendre au Seigneur pour tant de bienfaits dont il
vous a comblé.

— Eh bien ! jeune fille, le comte de Poitiers,
le futur héritier du comte de Bourges, lui qu'on dit
être le plus brillant et le plus brave des seigneurs,
sa naissance, ses richesses, sa couronne, il met tout
à vos pieds, si vous l'acceptez pour époux. »

La proposition est séduisante autant qu'honorable
et magnifique. Combien, à la place de la bergère,
eussent été éblouies par tant de splendeurs ! Solange
n'est pas même émue. Elle n'hésite pas une minute ;
elle a donné sa foi à un Époux meilleur et les offres
les plus enchanteresses ne sauraient ébranler sa
vertu. « Appuyée sur le Christ qui la fortifie, elle

dédaigne toutes les vaines promesses; à toutes les
instances, elle oppose un calme mais invincible refus. »

« — Vous prendre pour époux, monseigneur,
s'écria-t-elle avec une inébranlable résolution, élevant
vers le ciel ses regards qu'elle avait tenu jusque-là
modestement baissés, vous prendre pour époux, et
comment le pourrais-je!.... J'en ai déjà un autre
qui n'a point d'égal en beauté, en sagesse, en vertu,
en puissance et en richesses de toutes sortes.

— Vous avez un époux?... interrompit Rainulfe
d'une voix sombre.

— Oui, messire, j'ai un époux et plus noble et
plus riche et plus beau que tous les seigneurs de la
terre. Je suis la fiancée du Christ, votre maître et le
mien; dès mon enfance, je l'ai choisi pour Époux.
J'appartiens à lui seul qui m'a épousée par sa grâce;
à lui seul je garde une éternelle foi. » En pronon-
çant ces paroles avec une dignité sereine qui com-
plétait ce qu'il y avait de divin en elle, la bergère
s'était levée, et, rassemblant son troupeau, elle voulait reprendre le chemin de Villemond. Le fils du
comte l'en empêcha; il était fermement résolu à
l'obtenir ou à l'enlever de force, si elle résistait davantage.

« — C'est avec moi qu'il faut venir, ajouta-t-il
avec un peu d'emportement,... il le faut.... suivez-
moi!...

— Je ne le puis, monseigneur, je vous l'ai dit déjà,
je suis la fiancée du Christ. Laissez-moi,... mes pa-

5.

rents m'attendent là-bas.... Chassez donc cette vilaine
pensée de vouloir épouser une vierge consacrée à
Dieu.

— Je saurai bien obtenir par la force ce que tu
refuses à mes prières, s'écria Rainulfe de plus en plus
irrité. Je l'ai dit, tu m'appartiendras.

— Jamais, lui dit la Sainte, oh ! non, jamais!...»

Un feu sinistre brilla dans les regards du comte.

« — Vile serve, tu veux donc lasser ma patience
en refusant les biens inestimables que te propose ton
maître descendu jusqu'à toi ?...

— J'obéis à mon Dieu en les refusant, répondit
la vierge intrépide avec un grand calme et une éner-
gique fermeté. »

Devant une telle résistance, l'impétueux seigneur
frémit de colère et il allait se porter aux plus vio-
lentes extrémités. La prudente enfant s'en aperçoit ;
elle cherche son salut dans la fuite... Furieux, exas-
péré, le comte s'élance sur son coursier, bondit sur
les traces de la pauvre fille qu'il atteint sans peine,
et d'un bras dont la colère double la puissance, il
l'étreint avec violence et la jette sur son cheval qui
l'emporte au galop, toute frémissante de terreur et
fondant en larmes.

Mais si sa personne est captive entre les bras du
comte, la volonté de cette vierge innocente n'est pas
résignée au déshonneur qui l'attend. Elle jette vers
le ciel un regard suppliant, puis, au moment où ils
allaient franchir le ruisseau de l'Ouatier, souple
comme un rameau de saule, elle se contourne, se

replie sous le crampon vivant qui la retient, se dégage peu à peu, glisse à terre et de nouveau s'enfuit... La fureur du comte ne connait plus de bornes. Il tire son épée; le fer brille menaçant.

Un mot de Solange peut encore la sauver... « Consens ou je frappe ! » a hurlé le ravisseur.

— « Frappez, voici ma tête, mais vous n'aurez jamais mon cœur ! » Telle est la réponse victorieuse de l'héroïque enfant.

« *Potius mori quam fœdari!* Plutôt la mort que la souillure ! »

Solange, la fille des champs, s'est trouvée à la hauteur de cette belle et noble maxime, estimant, à bon droit, son sang de nul prix en regard du trésor de son intégrité virginale. Elle fait volontiers le sacrifice de sa vie pour demeurer éternellement digne de l'amour de son Dieu.

— « C'en est trop, fille rebelle, et tout ton sang va payer tes refus », s'écrie le comte fou de rage.

A ces mots, il fait étinceler son glaive et, d'un seul coup, il tranche cette tête virginale qui roule à terre et rougit de son sang l'herbe de la prairie et les ondes du ruisseau. La vierge triomphe en tombant et son âme s'envole au Ciel.

Ainsi mourait, il y a bientôt mille ans, à la date du 10 mai de l'an 878, cette jeune martyre de la chasteté dont le souvenir fait encore palpiter les cœurs en vous arrachant des larmes. Elle s'éteignait dans tout l'éclat de sa jeunesse et de sa beauté, comme l'étoile filante qui brille un moment et dis-

paraît dans l'espace en laissant après elle, dans
l'azur, un lumineux sillon.

Mais cette mort héroïque devait être le signal de
surprenantes merveilles. A peine frappée du glaive,
cette tête coupée parle et de cette bouche virginale,
comme du vase brisé de sainte Madeleine, s'échappe
un parfum suave, un soupir d'amour, le nom si
doux du Sauveur par trois fois répété : « *Jésus !*
Jésus ! Jésus ! mon Époux, me voilà ! »

A cet amoureux appel, un Ange descend des cieux,
portant à la main la palme immortelle du martyre
qu'il tient suspendue sur le front de la sainte. Puis,
ô nouveau prodige ! tandis que les cheveux du mé-
chant comte se dressent de frayeur, le corps décapité
de la bergère se relève soudain ; elle prend sa tête
dans ses mains et semble encore l'offrir à Jésus pour
lui exprimer extérieurement l'entier sacrifice qu'elle
lui avait faite de tout son être sur l'autel de son
cœur. Conduite par l'Ange, elle s'avance ainsi, toute
empourprée de son sang, jusqu'à l'église de Saint-
Martin du Cros où Dieu avait marqué sa sépulture.

On dit qu'à ce moment les cloches de la tour se
mirent à sonner d'elles-mêmes, à toutes volées,
comme pour fêter cette marche triomphale par leurs
joyeux carillons.

A partir de ce jour, Solange devint le modèle glorieux et la protectrice des jeunes chrétiennes de tous
les siècles, comme Louis de Gonzague devint plus
tard le modèle des jeunes chrétiens. Pour Solange
va commencer une gloire sans nuage, non-seulement

dans le Ciel, mais encore sur la terre. Immolée en
haine de sa virginité comme d'autres en haine de
leur foi, elle est vraiment martyre.

Dès le jour de sa mort, les fidèles du Berry lui
donnèrent par acclamation ce titre que l'Église devait
sanctionner plus tard. En un mot, « le ciel et la
terre, Dieu et son Église ont, pour ainsi parler, riva-
lisé de zèle à couronner d'honneur, de gloire, de
puissance et de pieux hommages, la sainteté de cette
belle vie et la générosité de ce glorieux martyre. »
Mais tant fut profonde l'impression, tant fut irré-
sistible l'enthousiasme produit par cette mort, que
le grand Thaumaturge des Gaules dut s'incliner
devant la petite bergère de Villemond. Le village et
l'église de *Saint-Martin* porteront désormais le nom
de *Sainte-Solange*. Depuis neuf à dix siècles ils
sont l'un et l'autre placés sous son aimable invoca-
tion.

Dès les premiers jours qui suivirent la mort de la
jeune martyre, des miracles éclatèrent sur son tombeau. Et, chose admirable, ce furent les puissants
seigneurs de l'époque, qui se montrèrent les plus
empressés à entourer sa mémoire des témoignages
d'une publique et continuelle vénération, comme
s'ils eussent voulu donner une réparation éclatante
au crime sorti de leurs rangs. Les murailles de leurs
châteaux se couvrirent de peintures représentant la
vie et le martyre de l'héroïque bergère. D'illustres
familles du Berry firent graver sur leur sceau l'image
de sainte Solange comme pour l'établir dépositaire

de leurs secrets et de leurs affaires, de leur fortune
et de leurs affections [1].

La reconnaissance publique ne tarda pas à la pro-
clamer patronne du Berry. Ainsi, la bergère Solange
devint, comme Geneviève, l'ange protecteur de son
pays ; et depuis, chaque année, sur sa tombe véné-
rée et autour de ses saintes et puissantes reliques,
on voit accourir une affluence énorme de pélerins
qui viennent célébrer la fête de cette jeune sainte
dont la couronne unit aux roses du martyre le lys
de la virginité.

« La main bienfaisante de Solange est demeurée
sur son peuple qui l'aime, toujours prête à exaucer,
quand on l'invoque avec ferveur. Elle laisse, bénigne
patronne, porter à travers les champs ses restes précieux ; mais elle porte l'abondance sur son passage ;
elle dissipe les orages qui menacent les moissons » :
elle fait descendre les pluies rafraîchissantes sur les
campagnes arides, brûlées par le soleil, et les grâces
de guérisons merveilleuses, obtenues par son inter-
cession, sont innombrables.

Prévenue du don des miracles durant son pèlerinage ici-bas, la glorieuse martyre devait continuer
d'en jouir au sein de sa patrie céleste. Aussi une des
manifestations de ce pouvoir extraordinaire, qu'il est
aussi facile de constater que l'ébullition annuelle-
ment miraculeuse du sang de saint Janvier, à Naples,
c'est la vigueur particulière et la fertilité étonnante
qui, comme nous l'avons déjà dit, marque et dis-

[1] *Vie de sainte de Solange*, par le P. ALET.

tingue le terrain du sentier suivi ordinairement par
sainte Solange, dans le champ qui porte son nom.

Voici une autre merveille signalée par un auteur
du dix-septième siècle, contemporain du fait qu'il ra-
conte : « Il se fait, dit-il, un grand concours dans
l'église de Sainte-Solange, le 10 mai, jour de son
martyre, et le lundi de la Pentecôte, anniversaire de
la translation de ses reliques. Ces jours-là, le peuple
occupe un espace de trois, quatre et même cinq mille
pas, se rendant en procession au lieu que la Sainte a
illustré par ses prières et à la croix qui indique la
place favorite de ses contemplations. La route royale
ne pouvant contenir ce peuple, la foule se répand
sur les blés, déjà grands en cette saison et dont l'épi
commence à se montrer. Par une singularité remar-
quable, ces blés ainsi foulés sous les pieds des pas-
sants, n'en reçoivent aucun dommage, et leurs tiges,
deux jours après, sont aussi droites et vigoureuses
que si elles n'avaient rien souffert. Comme depuis
longtemps on parlait de ce prodige, Henri II de
Bourbon, prince de Condé, quand il fit, en 1637, le
saint pèlerinage, voulut savoir par lui-même ce qu'il
fallait penser de cette persuasion commune. Il exa-
mina le fait de ses propres yeux et en reconnut
l'existence.

« Du reste, ajoute le même auteur, l'observation
de ce phénomène remonte à une haute antiquité.
J'en trouve l'indice dans de très-anciens documents [1].

« Un jour, la procession, accompagnant la châsse

---

[1] Apud Bolland.

de sainte Solange, allait à l'ordinaire envahir le champ d'un juif qui se trouvait sur son passage. L'enfant d'Israël s'y oppose et menace d'en venir à la violence. Le curé ordonne au peuple de prendre un autre chemin. Or, par une visible punition du ciel, le champ de l'israélite qui était semé de chanvre de très-belle espérance, fut dès ce moment atteint d'une aridité extraordinaire, et les plantes qu'on avait voulu épargner se desséchèrent rapidement. Au contraire, la récolte des champs voisins qui semblait écrasée sous les pieds des pèlerins, s'éleva vigoureuse et magnifique. »

Aussi n'est-il pas étonnant qu'après dix siècles, le culte de sainte Solange soit toujours vivant, et que, loin de pencher vers son déclin, il prenne une extension nouvelle, qu'il se développe et fleurisse plus ardent que jamais au lendemain de nos désastres. Les multitudes chrétiennes que l'œil ne suffit plus à compter, continuent d'accourir sur sa tombe, au pied de sa croix traditionnelle et au bord de l'humble ruisseau qu'elle a rougi de son sang.

Naguère, au mois de juin dernier, nous avons eu le bonheur d'être témoin ému et ravi de ce grand spectacle, si ancien déjà et chaque année renouvelé, d'un pèlerinage à Sainte-Solange, qui égalait en nombre et en splendeur les pèlerinages de Lourdes. On était accouru de tous les coins du Berry ; jamais pareil concours ne s'était vu encore. La procession, partie de l'église paroissiale de Sainte-Solange, se rendait au lieu de la décollation, appelé de temps immémorial la *fontaine de Sainte-Solange* ou le Champ du Martyre. Ce n'est point, à vrai dire, une source, mais seulement le coude formé par un regorgement de la petite rivière de l'Ouatier[1].

Nous l'avons vue, cette procession imposante, se dérouler avec ses croix, ses bannières et ses oriflammes et remplissant la vallée de ses chants enthousiastes. Nous avons admiré ces longues files de vierges vêtues de blanc, le chapelet aux doigts, marchant derrière une croix composée de roses rouges et de roses blanches, symboles de la virginité et du martyre, portée par une de leurs compagnes; puis ces jeunes gens, ces mères chrétiennes, ces hommes de tout âge et de tout rang. Quelle foi dans ces hommes de village, venus à pied de bien loin, suivant la procession en chantant, la tête nue sous un soleil de feu, puis allant se baigner à la *fontaine* et boire de cette eau sanctifiée! Quel concert de supplications, de soupirs, de sanglots et de chants sacrés!...

Partout des larmes dans les yeux, des regards tournés au ciel, des lèvres toutes frémissantes des élans de la prière ou de l'harmonie des cantiques. C'était un spectacle magique et saisissant!... Comme des épis pressés et ondulants sous la brise, la foule se massa compacte dans le *Champ du Martyre* qui se trouve à quelque distance de l'église, sur les

---

[1] C'est à tort qu'on appelle ce gué la *fontaine de Sainte-Solange :* la véritable fontaine de la Sainte se trouve à Villemond, près de la maison de l'illustre bergère.

bords de l'Ouatier. Là, au lieu même du supplice, s'élève une croix pour en marquer la place et en perpétuer le souvenir.

Tout auprès de la croix, au milieu du Champ du Martyre, on a construit tout récemment une élégante chapelle aux pierres blanches comme l'âme virginale de la Sainte à qui elle est consacrée. Elle se détache coquette et immaculée sur la sombre verdure de la plaine et sur celle plus riante d'un rideau de peupliers qui s'allongent derrière, sur les bords de l'Ouatier.

La tribune de la chapelle domine le champ; elle est ouverte et l'autel qui y est dressé, est vu de toutes parts. C'est là sous cette voûte, que fut célébré le saint sacrifice, en présence de l'illustre archevêque de Bourges, Mgr de La Tour d'Auvergne.

De là aussi, le prêtre a parlé à la foule et l'on entendait merveilleusement chacune de ses paroles, et ses accents émus ont remué profondément les cœurs.

Sous cette tribune est une coupole si admirablement peinte, que l'admiration vous prend jusqu'à l'âme. C'est, comme on l'a dit, une page éloquente, écrite par un merveilleux pinceau, fraîche comme une idylle, profonde et mystique comme une peinture des catacombes, où sont célébrées les fiançailles célestes de l'angélique vierge avec son immortel Époux. On ne peut se lasser de la contempler. Il est impossible de rendre cette impression de fraîcheur suave, cette grâce chaste, ce sourire de la Sainte à Notre-Seigneur qui la vient chercher. Jésus descend du ciel,

assis sur un nuage lumineux, portant aux pieds et
aux mains les cicatrices sacrées qui doivent appren-
dre à Solange que la souffrance est la voie royale du
ciel.

« Une lumière surnaturelle dont le Sauveur est la
source, enveloppe l'heureuse fiancée, et, à ses côtés,
comme participant à son extase, un tendre agneau,
couché sur un tapis de verdure, lève sa tête émer-
veillée et semble lui-même participer aux transfigu-
rations de sa maîtresse[1]. » Puis des têtes d'anges
planent au-dessus et le soleil fait resplendir toutes ces
couleurs, s'inclinant sur les nuages qu'il embrase et
dorant de ses rayons mourants la cime des peupliers
du val!...

Dans la chapelle, il n'y a que des fleurs des champs
et à l'intérieur on remarque trois vitraux splendides.
Celui du milieu représente sainte Solange dans le
costume berrichon, avec le type assez joli des paysan-
nes de ce pays. Pendant la messe on eût dit que le
visage de sainte Solange changeait, s'animait ; elle a,
dans ce regard levé vers le ciel, une suavité angélique,
un je ne sais quoi d'extatique et de divin qui vous
transporte et vous ravit. Elle est là, plus idéale qu'on
ne l'eût pu rêver, debout, les yeux en haut, noyés
dans l'extase du divin amour. Toute son âme pure
rayonne sur son front baigné d'une lumière resplen-
dissante, qui est comme l'auréole de la virginité. Une
sorte de cape ou de voile encadre ce visage séraphi-

[1] L'abbé Perdriget.

que, laissant à découvert les bandeaux et les tresses
de sa chevelure blonde. Sa main gauche, ramenée
sur son cœur, retient une palme et une quenouille
chargée de laine blanche dont l'écheveau fin vient,
sous sa main droite tombante, s'enrouler autour du
fuseau qu'elle tient supendu. Sa taille flexible et élan-
cée apparaît chastement drapée sous sa longue mante
bleue, pareille à celle de la Vierge. Une blanche brebis appuie avec amour sa tête paisible contre sa robe
brune à longs plis, un peu relevée vers le bas; une
autre agnelle est couchée à ses pieds. A son côté, les
emblèmes de la virginité, un lys et une croix, surgis-
sent de la terre, qui donna à la vierge une gloire de
plus.

Tout dans l'attitude de la jeune bergère respire le
calme, l'innocence et la paix. Il est presque impossible à l'art imparfait de mieux rendre cette sublime
figure. L'âme qui la contemple participe à son
extase.

C'est ainsi que je la voyais. Le soleil se cachant ou
illuminant tour à tour cette tête raphaélique, faisait
un effet saisissant!

Le second vitrail représente sainte Geneviève. La
patronne de Paris est également d'une beauté merveilleuse, le calme dans la grâce et dans la force :
voilà ce que l'on sent en elle en la voyant. Celle qui
est peut-être le moins bien au point de vue religieux.
c'est sainte Germaine représentée sur le troisième vitrail. Sa figure, qui est, du reste, ravissante, sent un
peu l'afféterie; mais les fleurs s'échappant de son ta-

blier sont si admirablement belles qu'elles rachètent ce
léger défaut; du reste, on ne le saisit pas à première vue.

Tandis que j'étais absorbé dans la contemplation de
cette œuvre merveilleuse, la cérémonie s'était ache-
vée. Les pèlerins s'éloignaient lentement, égrenant
leurs chapelets bénits ou chantant des hymnes sacrées
en escortant la châsse de la jeune martyre que l'on
ramenait triomphalement à l'église du village. Dans
le *champ du Martyre*, on voyait encore de pieux vil-
lageois, le genou en terre, le chapeau à la main, la
prière sur les lèvres, cueillant avec un saint respect
de l'herbe et des fleurs, pour en former des bouquets
qu'ils emporteront chez eux, comme autant de précieuses reliques.

« En présence d'une scène aussi touchante, je me
souvins alors qu'un jour le Pape saint Pie V, auquel
l'ambassadeur de Pologne demandait quelques reliques, prit une poignée de terre sur la place Saint-
Pierre, l'ancien cirque de Néron, arrosé du sang de
tant de martyrs, et, la lui présentant : « Portez dit-
« il, cette poussière en Pologne, car elle est digne de
« tous vos respects. » Et en songeant que ce sol n'a
pas bu, comme le cirque de Néron, le sang de milliers
de martyrs illustres, mais seulement le sang d'une
humble bergère, mon âme était ravie de trouver une
aussi grande foi en Israël. »

Après le spectacle de tant de merveilles, n'était-ce
pas le cas de redire ces accents de poésie divine que
chantait le prophète Isaïe : « *La solitude fleurira, et
féconde, elle éclatera en transports de louange et*

de joie. » En effet, là où naguère régnait la solitude, je venais de voir des foules innombrables avec leurs vénérés pasteurs et leur auguste pontife. Là où le silence n'est d'ordinaire troublé que par le chant des oiseaux et la voix du laboureur, il n'y a qu'un instant d'harmonieux cantiques venaient de retentir. Dans cette calme campagne, l'église était apparue avec ses croix étincelantes, ses blanches bannières, ses mystères sacrés, ses pompes, ses hymnes et ses prières!

Et maintenant à qui est due cette transformation subite et merveilleuse? Nous le savons tous, à l'héroïsme d'une jeune martyre de la chasteté, à sainte Solange dont je viens de vous esquisser l'histoire à grands traits. Dieu, qui l'a couronnée dans le ciel, veille à ce que de siècle en siècle et d'année en année, elle soit également glorifiée sur la terre qu'elle a arrosée de son sang et embaumée de l'arôme de ses vertus. Le lys virginal qui embellit un instant les riantes vallées du Berry, a laissé des parfums qui ne s'évanouiront plus. Solange avait sacrifié à Jésus sa vie et sa virginité, le doux Sauveur a mis à son front une auréole d'immortelle gloire.

O Solange, aimable patronne du Berry, puisque vous avez maintenant l'insigne privilége de suivre l'Agneau partout où il porte ses pas, obtenez-nous de lui de marcher, comme vous, immaculés dans nos sentiers, afin de jouir là-haut des visions de Dieu!

FIN

CANTIQUES

EN L'HONNEUR DE SAINTE SOLANGE

HYMNE ANTIQUE[1]

I

A Jésus, amour et louange !
Il est la gloire des élus ;
C'est lui, bienheureuse Solange,
Qui couronne au Ciel vos vertus.

REFRAIN.

O Vierge que Jésus couronne,
Nous mettons notre espoir en vous.
Du Berry puissante Patronne,
Solange, intercédez pour nous

II

Elle avait choisi dès l'enfance
Jésus pour l'Époux de son cœur.
Toujours sa robe d'innocence
Garda sa première blancheur.

[1] Ce cantique est la traduction donnée par le R. Père Alet de l'hymne qu'on regardait déjà comme *antique* au milieu du xvıı⁰ siècle.

III

L'enfer, le monde, la nature
Contre elle s'unissent en vain;
Jésus dans son âme si pure
Commande en maître souverain.

IV

Pour l'unique Époux de son âme,
Que son amour fut tendre et fort!
Quand un autre époux la réclame,
Elle répond : plutôt la mort!

V

De Jésus l'image vivante
Toujours fut gravée en son cœur;
Et trois fois sa bouche expirante
Redit ce nom plein de douceur.

VI

Maintenant au Ciel votre empire,
Solange, pour l'éternité.
Unit les roses du martyre
Au lys de la virginité.

VII

Son souvenir vit sur la terre
Près de son tombeau glorieux,
Auprès du ruisseau salutaire
Que rougit son sang précieux.

VIII

A sa mort, la Bonté suprême
Permit que son chef immortel
Fût transporté par elle-même
Au lieu marqué pour son autel.

IX

C'est dans ce béni sanctuaire
Qu'elle répand mille faveurs ;
Elle guérit toute misère,
Elle convertit tous les pécheurs.

X

Puissions-nous avec Solange
Chanter pendant l'éternité :
Amour, honneur, gloire et louange
A l'adorable Trinité !

ANTIENNE. — O Solange, vénérable Sainte, dont la solennité annuelle est de retour ; vierge, chaste, prudente, fidèle, veuillez nous obtenir les joies éternelles.

℣ Priez pour nous, sainte Solange.

℟ Afin que nous devenions dignes des promesses de Jésus-Christ.

ORAISON.

Au nom de votre miséricordieuse clémence, nous vous conjurons, Seigneur, notre Dieu, de jeter un regard favorable sur toute votre Église, ô vous, qui avez daigné élever si haut dans la gloire céleste la bienheureuse Solange, vierge et martyre, par Jésus-Christ Notre Seigneur qui vit et règne dans les siècles des siècles. Ainsi soit-il.)

CHANT CONNU DÈS LE XVIIIᵉ SIÈCLE

Le cantique suivant se chante chaque année à la procession de la Sainte. Nous donnons, en regard du texte latin, l'ancienne traduction en vers qui circule dans le Berry; mais on trouvera à la suite une nouvelle traduction plus fidèle et moins incorrecte à laquelle on peut adapter un air également populaire.

AIR :

O filii et filiæ.

AIR :

Par les chants les plus magnifiques.

1

Festa venerunt annua
Quibus virgo per inclyta
Honoratur Solangia
Alleluia, alleluia, alleluia,
Alleluia.

1

En ce jour, ô sainte Solange,
Que l'on célèbre vos grandeurs,
Puisse ce tribut de louange
Attirer sur nous vos faveurs.

2

Nota in Villemontio,
Infrendente diabolo,
Nomen habet ab angelo,
Alleluia, etc.

2

Villemont, trop heureux village,
Malgré les efforts du démon,
Tu produis cette vierge sage
Qui d'un ange eut bientôt le nom.

3

Septenis versans animo
Quæ sit devota Domino,
Nuncupavit vota Deo,
Alleluia, etc.

3

Dès sa jeunesse la plus tendre,
Voulant surtout plaire au Seigneur,
Elle s'empressa de lui rendre
Le vif hommage de son cœur.

4

Ipsa stante, stabant oves,
Nec lædebant terræ fruges;
Ipsos fugabat turbines,
Alleluia, etc.

4

Oiseaux, vents, tempêtes, orages,
Fuyez! non, de votre courroux
Nous ne craignons pas les dommages :
Solange nous protège tous.

5

Illi novum prœit sidus
Quo tulit eat passibus :
Ipsa fulget virtutibus,
Alleluia, etc.

5

Quel nouveau rayon de lumière
La précède et conduit ses pas?
Vertus, vous-même en sa carrière
L'éclairâtes jusqu'au trépas.

6

Procum lœdit formæ decor,
Blanditur profanus amor;
Quem fugat virtutis honor,
Alleluia, etc.

6

C'est en vain qu'un amour peu sage
Veut de ses feux brûler son cœur ;
Solange oppose avec courage
Le bouclier de son honneur.

7

Spretus amor fremit ira
Neque sedit Solangia,
Fit castitatis victima,
Alleluia, etc.

7

Cet amour frémit de colère
De se voir ainsi rejeté;
Il s'arme de son cimeterre
Et le coup est déjà porté.

8

Truncato licet capite,
Ter Jesum inclamat voce,
Caput manu portans pie,
Alleluia, etc.

8

Dès que la tête respectable
En tombant prononce : Jésus,
Sa main dévote et vénérable
La présente au Dieu des vertus.

9

Ubi sacræ reliquiæ
Martini a templo conditæ.
Multi opem deposcere.
Alleluia, etc.

9

Solange, vos précieux restes
Au temple du grand saint Martin,
Reçoivent des honneurs célestes :
Est-il un plus heureux destin?

11

Claudi currunt, vident cæci.
Morbi pelluntur noxii,
Gaudentes plaudunt angeli,
Alleluia...

10

L'aveugle reçoit la lumière,
Le boiteux marche sans soutien;
Tous d'une guérison entière,
Reçoivent le précieux bien.

11

Mox e sepulchro fit ara,
Corpus servatur capsula;
Patrona fit primaria.
Alleluia...

11

Son sépulcre en autel se change,
Où l'on prodigue des faveurs ;
De son temple à sainte Solange,
Saint Martin cède les honneurs.

12

Ob sacras, virgo, laureas,
Ob redditas reliquias,
Deo dicamus gratias.
   Alleluia...

12

Solange, nous vous rendons grâces,
De vouloir écouter nos vœux,   (ces,
Puissions-nous marcher sur vos tra-
Et vous voir un jour dans les cieux.

13

In agri tui semita,
Dum pangimus voce pia.
Nobis adsis, Solangia.
   Alleluia...
℣. Veniebat cum ovibus pa-
  tris sui.
℟. Nam gregem ipsa pasce-
  bat.
     (Gen. XXIX, 9.)

13

Répandez sur nous vos lumières,
Dans le *champ* toujours précieux,
Solange, écoutez nos prières,
Solange, rendez-nous heureux !
℣. Elle venait avec les brebis de son
  père ;
℟. « Car elle-même faisait paître le
  troupeau. »

OREMUS.

Effunde, quæsumus, Do-
mine, Beata Solangia inter-
cedente, benedictionem tuam
super nos et super omnes
fructus terræ, ut hi collec-
ti ad laudem et gloriam
nominis tui, misericorditer
dispensentur. Per Christum
Dominum nostrum.
       Amen.

ORAISON.

Répandez, Seigneur, nous vous en
supplions, par l'intermédiaire de
sainte Solange, votre bénédiction sur
nous et sur tous les fruits de la terre,
afin que, recueillis pour la louange
et la gloire de votre nom, ils soient
miséricordieusement dispensés. Par
Jésus-Christ Notre Seigneur.
       Ainsi soit-il.

TRADUCTION NOUVELLE DU MÊME CANTIQUE

I

Voici votre fête, ô Solange,
Où l'on célèbre vos grandeurs :
Recevez nos chants de louange
Avec l'hommage de nos cœurs.

II

Accourez joyeux à son temple.
Peuples fidèles du Berry,
Toujours imitez son exemple.
Vous serez son peuple chéri.

III

A Villemont naquit Solange;
Malgré la rage du démon,
Elle sera sur terre un ange,
D'un ange elle reçoit le nom.

IV

A sept ans, dès sa tendre enfance,
Elle se consacre au Seigneur;
Elle fait vœu, dans l'innocence,
De lui garder toujours son cœur.

V

Jamais aux voisins pâturages
Ses blancs moutons ne s'égaraient,
Sa voix dissipaient les orages
Qui menaçaient les blonds guérets.

VI

De ses vertus touchant symbole,
Une étoile aux reflets divins
Brille à son front, pure auréole,
Et la guide dans ses chemins.

VII

C'est en vain qu'un amour volage
Voudrait s'emparer de son cœur ;
Sa vertu fuit ce vain mirage
Et sauvegarde son honneur.

VIII

Cet amour frémit de colère
De se voir ainsi rejeté
Le fer brille.... Elle tombe à terre,
Victime de la chasteté.

IX

Sa tête coupée, ô prodige !
Par trois fois murmure : Jésus !....
Elle l'emporte et se dirige
Vers le lieu qu'elle aima le plus.

X

Dès que ses restes reposèrent
Au temple du grand Saint-Martin,
Les multitudes s'y pressèrent :
On ne l'implora pas en vain.

XI

Elle adoucit toute souffrance :
L'aveugle voit, le sourd entend :
Aux cris de la reconnaissance
Les chœurs du ciel joignent leur chant.

XIII

Le Berry la prend pour Patronne.
Saint Martin lui cède ces lieux ;
Sur les autels son corps rayonne
Entouré d'un éclat pieux.

XII

En vain le sacrilège impie
Nous enleva ce saint trésor ;
Le Ciel déjoua sa furie
Et nous le possédons encor.

XIV

Pour ce bienfait, pour la victoire
De celle que nous honorons,
Du Seigneur célébrons la gloire :
Il est l'auteur de tous les dons.

XV

Dans ce *champ* qui garde vos races,
O Solange, entendez nos vœux.
Du Christ obtenez-nous les grâces
Et pour ce monde et pour les cieux !

LITANIES DE SAINTE SOLANGE

APPROUVÉES EN 1805 PAR MGR DE MERCY ET EN 1823
PAR MGR DE VILLÈLE

Seigneur, ayez pitié de nous !	Kirie eleison,
Jésus-Christ, ayez pitié de nous !	Christe eleison,
Seigneur, ayez pitié de nous !	Kirie eleison,
Jésus-Christ, écoutez nous !	Christe, audi nos,
Jésus-Christ, exaucez-nous !	Christe, exaudi nos,
Père céleste qui êtes Dieu,	Pater de cœlis Deus,
Fils rédempteur du monde, qui êtes Dieu,	Fili redemptor mundi Deus,
Esprit-Saint, qui êtes Dieu,	Spiritus sancte Deus,
Sainte Trinité, qui êtes Dieu,	Sancta Trinitas unus Deus,
Sainte Marie, priez pour nous !	Sancta Maria, ora pro nobis,
Sainte Mère de Dieu,	Sancta Dei Genitrix,
Sainte Vierge des vierges,	Sancta Virgo virginum,
Sainte Solange,	Sancta Solangia,
Sainte Solange, dès votre premier âge, bien aimée du Seigneur,	Sancta Solangia à teneris annis Deo dicata,
— Chérie de la Mère de Dieu,	— Sacræ Deiparæ carissima,

— Si zélée pour la pureté et la chasteté,
— Vierge d'esprit et de corps,
— Assidue au travail,
— Très-dévote à la passion de Jésus-Christ,
— Plus jalouse de la beauté de l'âme que de celle du corps,
— Animée d'un généreux mépris odur les offres de la fortune,
— Victime glorieuse de la chasteté,
— Décorée de la palme du martyre,
— La vie des voyageurs,
— La santé des infirmes,
— La lumière des aveugles,
— L'oreille des sourds,
— La langue des muets.
— L'abondance des moissons,
— Le remède contre la sécheresse brûlante
— Qui apaisez les tempêtes,
— Sauvegarde dans les dangers,
— Consolatrice des pécheurs qui vous invoquent,

— Joie des anges,
— Compagne des martyrs,
— Emule des vierges,
— Notre défense,
— Protectrice et enfant de notre pays,
— L'honneur de notre peuple,

— La gloire de Bourges,
— Patronne du Berry,

— Protectrice des confrères et des consœurs,

Agneau de Dieu, qui effacez les péchés du monde, pardonnez-nous, Seigneur!

— Puritatis et castitatis amans,
— Mente et corpore virgo,
— In labore assidua,
— Passioni Christi devotissima,
— Pulchritudinis animæ quam corporis amantissima,
— Blandientis fortunæ contemptrix generosa,
— Castitatis nobilis victima,
— Martyrii palma decorata,
— Via peregrinorum,
— Sanitas languentium,
— Lumen cœcorum,
— Auris surdorum,
— Lingua mutorum,
— Copia segetum
— Siccitatis ardentis remedium,
— Sedatrix tempestatum,
— Salus in periculis,
— Consolatrix ad te clamantium peccatorum,

— Lætitia angelorum,
— Consors martyrum,
— Æmula virginum,
— Præsidium nostrum,
— Protectrix et alumna nostra,
— Honorificientia populi nostri,

— Gloria Biturigum,
— Patrona omnium Bituricensium,

— Tutela confratrum et consororum,

Agnus Dei qui tollis peccata mundi, parce nobis, Domine.

Agneau de Dieu qui, etc., exaucez-nous, Seigneur !	Agnus Dei qui tollis peccata mundi, exaudi nos Domine.
Agneau de Dieu, etc., ayez pitié de nous, Seigneur !	Agnus Dei qui tollis peccata mundi, miserere nobis.
℣. Béni soit à jamais le Seigneur,	℣. Benedictus Deus meus.
℟. Qui m'a revêtu de ma force.	℟. Qui præcinxit me virtute.
L'oraison comme plus haut.	Oremus
	Effunde quæsumus, ut supra.

PRIÈRE A SAINTE SOLANGE POUR LE BERRY[1]

C'est avec confiance que nous avons recours à vous, glorieuse Martyre de Jésus-Christ ; nos pères nous ont appris à vous honorer et à vous invoquer comme Notre Protectrice. Le souvenir des bienfaits que vous avez répandus sur eux ne s'effacera jamais de nos esprits. Nous avons nous-mêmes éprouvé bien des fois votre crédit auprès de Dieu ; et nous ne saurions nous rappeler ce que vous avez fait pour nous, sans être pénétré de la plus vive reconnaissance.

Protégez-nous donc toujours, aimable Patronne ; ne cessez de tenir vos mains élevées vers le Père des miséricordes pour une province qui vous donna le jour. Si le Tout-Puissant irrité de nos offenses, se dispose à nous punir, priez-le de ne pas oublier que vous êtes notre sœur. L'amour extrême qu'il vous porte, désarmera sa colère, et, en faveur de la sœur bien-aimée, il fera grâce aux frères coupables.

Veillez sur nous, charitable Protectrice, éloignez d'un pays qui vous est toujours cher, ce qui pourrait nuire à son bonheur. Faites-y régner l'abondance et la paix ; détruisez-y l'empire du démon et du péché ; faites-y fleurir l'innocence et la vertu. Obtenez-nous la grâce de marcher sur vos traces, afin qu'après avoir imité les beaux exemples que vous nous avez donnés, nous puissions participer un jour à la glorieuse récompense dont le Seigneur a couronné vos mérites. Ainsi soit-il.

[1] Cette prière était déjà très-connue il y a plus d'un siècle et familière aux serviteurs de la Sainte.

PETITE LÉGENDE

A LA LECTURE DE LAQUELLE SONT ATTACHÉES DES INDULGENCES

PÉLERINAGE DE SAINTE SOLANGE

— 10 MAI 878 —

Sainte Solange naquit près de Bourges, dans la paroisse qui porte aujourd'hui son nom. Simple bergère, elle n'avait d'autre désir que de faire la volonté de Dieu. Les lieux sanctifiés par les oraisons et le martyre de cet ange de la terre s'appellent *le Champ* et la *Fontaine de Sainte-Solange*. Le sanctuaire où l'on vénère les reliques de la Sainte est, depuis des siècles, le but d'un pèlerinage célèbre, qui attire des fidèles des diocèses de Bourges, de Nevers, de Moulins, d'Orléans, de Blois, de Limoges, etc., etc.

Des miracles récents témoignent de plus en plus de sa puissance auprès de Dieu. La fête de sainte Solange est fixée au 10 Mai, mais le concours a lieu le lundi de la Pentecôte.

Sainte Solange, martyre de la chasteté, priez pour nous.

Sainte Solange, espérance des pèlerins, priez pour nous.

Sainte Solange santé des malades, priez pour nous.

Sainte Solange gloire et patronne du Berry, priez pour nous !

(Quarante jours d'indulgence à la lecture de la légende et quarante jours d'indulgence à la récitation des quatre invocations.)

Rome, 26 juin 1870.

✝ C.-A., *Archevêque de Bourges.*

PARIS. — TYPOGRAPHIE LAHURE

Rue de Fleurus, 9

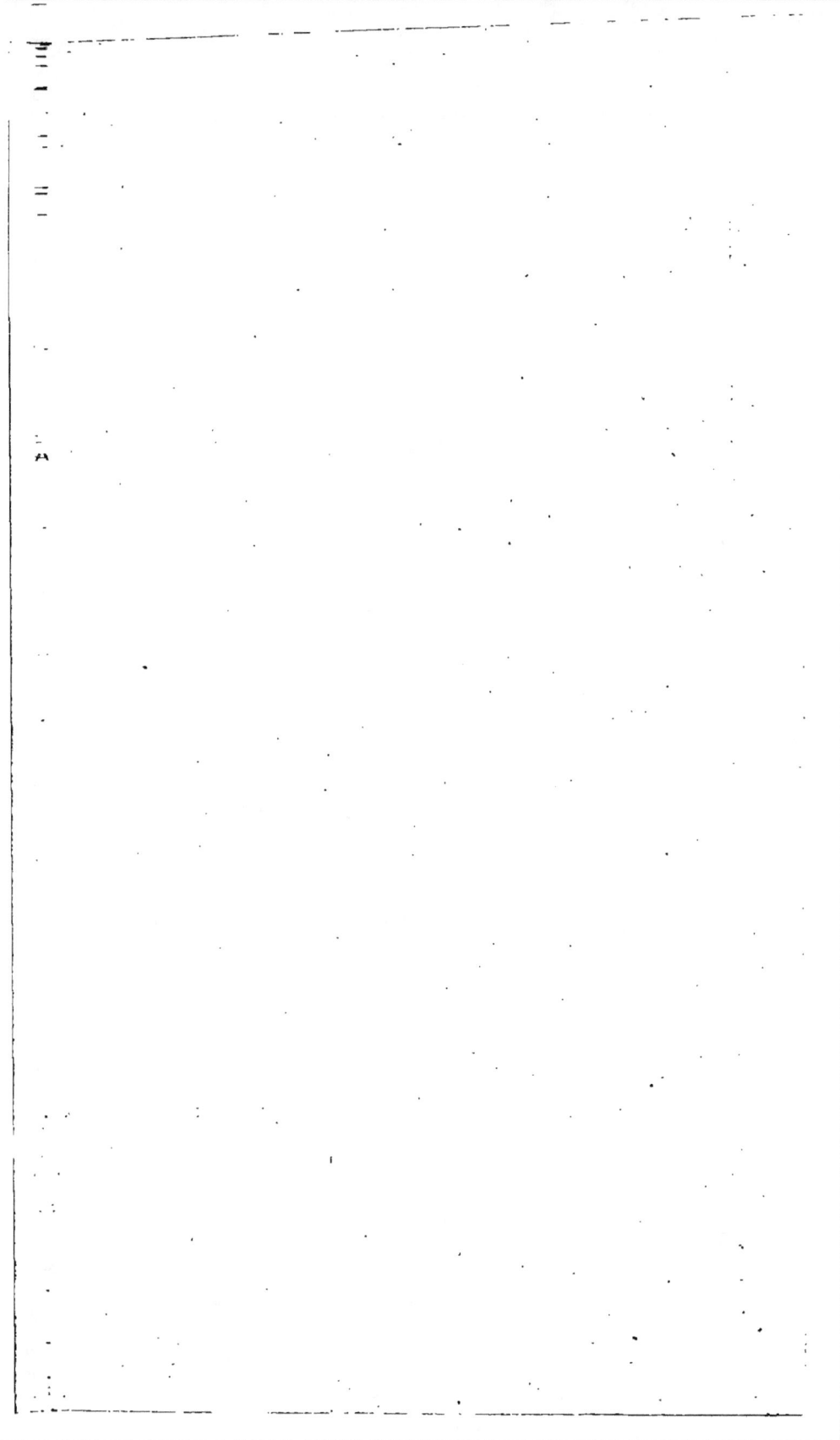

CHEZ LES MÊMES ÉDITEURS

Sous presse

VIE TRÈS-COMPLÈTE

DE

SAINTE SOLANGE

PAR L'ABBÉ BERNARD

1 beau volume in-12. — Prix : 3 fr.

Typographie Lahure, rue de Fleurus, 9, à Paris.

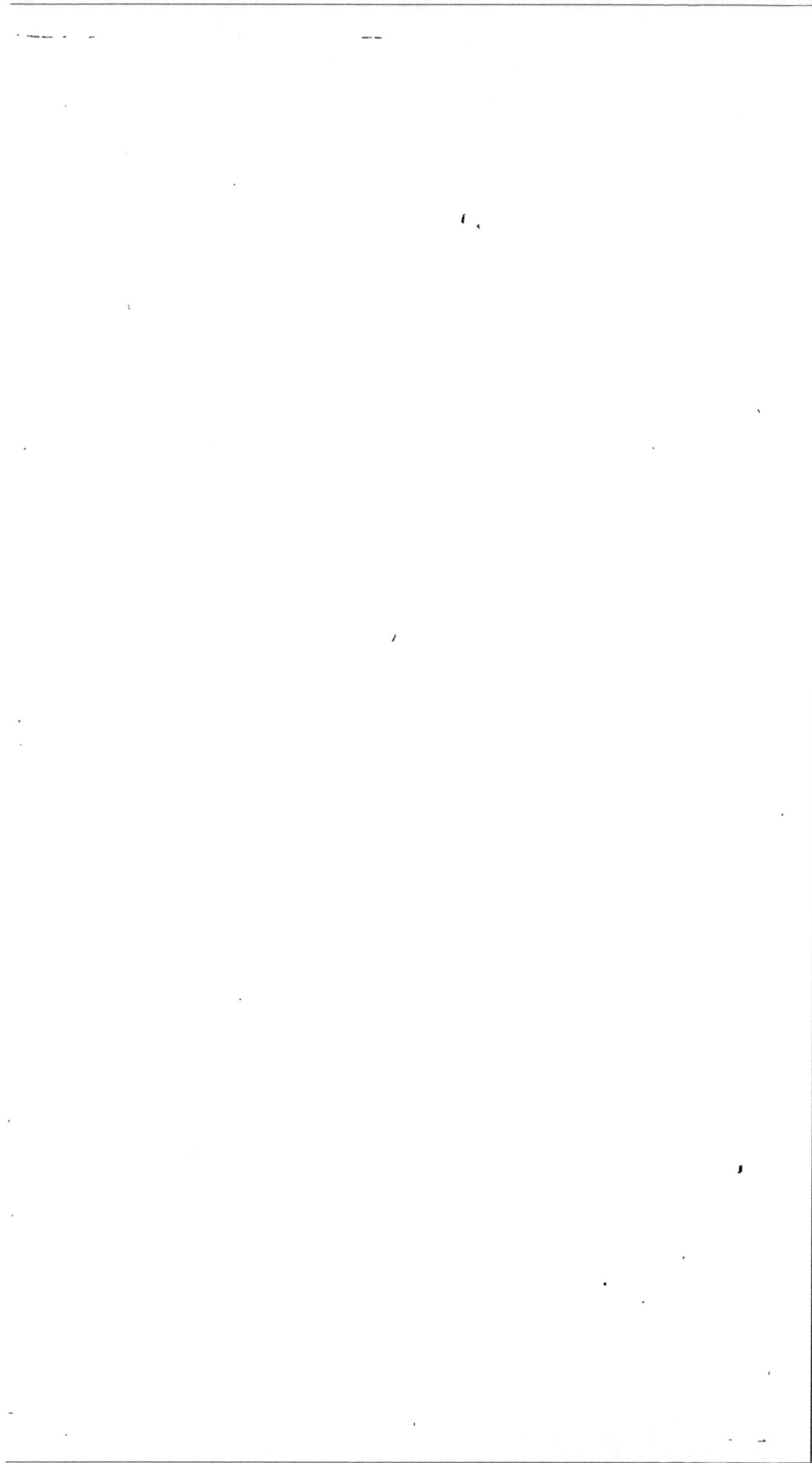

www.ingramcontent.com/pod-product-compliance
Lightning Source LLC
LaVergne TN
LVHW051503090426
835512LV00010B/2316